无人争锋

智能化战争探析

胡中强　孙建峰　著

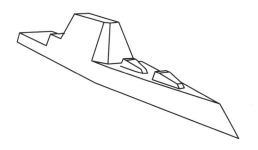

机械工业出版社
CHINA MACHINE PRESS

谁能准确把握未来智能化战争的制胜规律，谁就能在下一场战争中赢得先机。本书作者长期在相关领域工作，实践履历丰富，从美国、俄罗斯、英国、法国、伊朗、以色列等国家的有关技术与武器装备入手，系统性地对智能化战争进行了历史根源追溯、发展趋势判断、制胜机理挖掘、作战样式探寻、支撑技术研究、应对措施梳理，同时也对初具智能化特征的典型战例进行了剖析，便于读者研究理解。本书既能启发专业读者思维，也能为广大军事爱好者提供一本不可多得的专业指南。

图书在版编目（CIP）数据

无人争锋：智能化战争探析 / 胡中强，孙建峰著 .
— 北京：机械工业出版社，2021.11（2023.1 重印）
ISBN 978-7-111-69626-1

Ⅰ . ①无⋯ Ⅱ . ①胡⋯ ②孙⋯ Ⅲ . ①高技术战争 – 研究
Ⅳ . ① E866

中国版本图书馆CIP数据核字（2021）第245122号

机械工业出版社（北京市百万庄大街22号 邮政编码100037）
策划编辑：苏 洋   责任编辑：苏 洋
责任校对：李 伟 李 婷   责任印制：李 昂
北京联兴盛业印刷股份有限公司印刷

2023年1月第1版第4次印刷
170mm × 240mm · 19.25印张 · 2插页 · 226千字
标准书号：ISBN 978-7-111-69626-1
定价：78.00元

电话服务　　　　　　　　网络服务
客服电话：010-88361066　　机 工 官 网：www.cmpbook.com
　　　　　010-88379833　　机 工 官 博：weibo.com/cmp1952
　　　　　010-68326294　　金 书 网：www.golden-book.com
封底无防伪标均为盗版　机工教育服务网：www.cmpedu.com

序

近年来，以人工智能为代表的颠覆性技术群推进战争形态由机械化、信息化加速向智能化方向演进，智能无人平台相继脱下科幻外衣，挺进军事领域。在叙利亚战场上，"捕食者""魔爪""平台-M"等无人平台批量参战。在纳卡之争中，无人机成为打破战争平衡的决定性力量。在中东战场，神秘莫测的伊朗伊斯兰革命卫队下属"圣城旅"指挥官苏莱曼尼被无人机一击绝杀，被严密护卫的伊朗首席核科学家法赫里扎德被遥控武器定点清除。这些无不说明：智能化战争形态已全面袭来，作战样式呈现出典型的"无人争锋、自主对抗、秒杀立决"。

历史告诫我们：谁洞悉了战争演变的规律，谁就能赶超战争发展的脚步；谁把握了战争形态的发展，谁就能拔得战争的头筹。目前，军内外对智能化战争的研究还比较零散、不成体系，还没有以军人的思维系统地对智能化战争进行梳理分析的著作，加强对智能化战争的全面系统研究迫在眉睫。

本书作者长期在一线部队工作，实践履历丰富，对于无人作战应用研究有自己的独到见解；注重跟踪前沿科技动态，与相关企业能够保持良好沟通，也有很好的技术基础，可以将智能无人战中的战术与技术结合起来研究，值得学习。

本书分7章，立足科技前瞻，重在解答困惑，突出创新发展，注重牵引建设。第一章主要探索了智能化战争形成诱因、内涵特征、主要变化等；第二章主要梳理了智能化战争的制胜机理；第三章创新性地提出"人机一体战""族群突击战""跨域渗透战""隐形突击战"4种典型的智能化作战场景；第四章介绍了支撑智能化战争的5类无人作战平台；第五章阐述了支撑智能化战争的6类前沿技术；第六章提出加强智能化战争针对性建设的措施方法；第七章系统分析了5类初具智能化特征的10个典型战例。7个章节，按照指挥员的思维环环相扣，逐步深入，对智能化战争进行了探讨分析，重在引起共鸣，启发读者思维，引导军队建设发展。

全书共5个亮点：一是首次以军人的思维对智能化战争进行了全面系统的思考；二是首次对智能化战争的作战样式、制胜机理等进行了思考分析；三是对当前混淆的概念、知识进行了分析，提出了自己的见解；四是在前沿理论研究中使用了大量的案例、图表，深入浅出，将晦涩的知识场景化、图表化；五是言简意赅，风格特点更符合现代官兵和军事爱好者的需求。

工信部科技委委员 侯印鸣

2021年8月

前言

"想要和平，就要准备战争。"我们处在一个最好的时代，但同时也是危机四起、战争脚步愈发逼近的时期，和平的背后永远充满着荆棘与危机。

打赢作为和平的底牌和终极手段，和平有多美好，打赢就有多迫切。

战争不复，它总是随着时代的变迁高速变革着，跟不上它的脚步，就会付出血的代价。

伴随着人类科学技术的飞速发展，军事科学技术和战争形态也在发生着深刻的变革，冷兵器战争、热兵器战争、机械化战争、信息化战争等战争形态更迭迅速。

通过鸦片战争，西方列强的坚船利炮打开了近代中国的大门，让中国人民经历了近百年的耻辱；源于第一次世界大战时期的机械化作战理论和战术思想，被希特勒运用于第二次世界大战，成功闪击波兰，22天就突进苏联600千米的纵深，让整个欧洲深陷战火；海湾战争中，美军基于网络中心战作战理论，轻松取得战争的胜利；利比亚战争、叙利亚内战和纳卡地区冲突让全世界看到了初具智能化特征的信息化战争的魔力。

历史告诫我们：只有把握了战争演变的规律，才能赶超战争发展的脚步；只有把住战争形态的发展，才能在战争中占据优势，拔得头筹，反之将被历史的车轮无情地碾压。

现如今，以人工智能技术为代表的颠覆性技术群，正加速推进战争形态由机械化、信息化向智能化方向演进，各型智能无人平台相继走出实验室，跳出电影屏幕，脱下科幻外衣，挺进军事领域，并在近几场局部战争中大显身手，成为撬动战争形态发生变革的重要支点。

从贝卡谷地之战中"侦察员""猛犬"等武装无人机在战斗中初露锋芒，到伊拉克、阿富汗、叙利亚的战场中"捕食者""魔爪""平台 –M"等武装无人平台批量出动，再到 2020 年，神秘莫测的伊朗伊斯兰革命卫队司令苏莱曼尼被武装无人机一击绝杀，被严密护卫的伊朗首席核科学家法赫里扎德被远程无人遥控武器定点清除，这些作战实践无不说明：智能化战争已经步入历史舞台，"无人平台定点清除、遥控武器远距暗杀、有人无人协同突击、无人族群协同突击、虚实一体跨域对抗"等作战方式和手段日益丰富、相互交织。

未来战争正走向"无人高智、跨域融合、虚实一体、秒杀立决、平行打击、混合威慑"阶段，作战系统也呈现出"由分离向融合、由节点向网络、由单装向集群、由遥控向自主、由单域向多域、由以实为主向虚实互动"的发展趋势。

总之，作战过程智能程度越高、跨域协同越强、虚拟实践越多、开放融合越深、作战行动越快、威慑手段越丰富，战争主动权越大，从而形成"混合打击、综合威慑、跨域协同、降维打击、高阶取胜"等高不对称作战优势。智能化战争形态全面袭来，出现了典型的"智能支撑、无人分锋、自主对抗、秒杀立决"的特征！

党的十九大报告指出，要"加快军事智能化发展，提高基于网络信息体系的联合作战能力、全域作战能力，有效塑造态势、管控危机、遏制战争、打赢战争"。这一阐述,前瞻了世界新军事革命未来,把握了当今军事技术脉搏,对我军未来军事智能化发展提出了明确要求。

作为军人,必须站在时代的前沿,对智能化战争进行系统的思考,首先从理论层面进行探索研究。本书分为7个章节,系统性地对智能化战争进行了历史根源追溯、发展趋势判断、制胜机理挖掘、作战样式探寻、支撑技术研究,并有针对性地提出意见、建议,对初具智能化特征的典型战例进行了剖析。希望以此为契机,在理论层面围绕智能化战争展开大辨析、大研讨,形成一批理论成果,初步达成共识,引导新时期军事变革、部队建设、作战准备。

对新事物的认知总是艰难的、不确定的,作为理论研究的新兵,希望通过自己的努力,在未知的深渊击起少许浪花,为后来人探索发展起到垫脚石的作用。能力有限,不足之处,敬请批评指正!

作 者
2021 年 8 月于厦门

目录

第一章
智能化战争总体概述

有时，世界会在瞬间改变，现在就是这样的一个时刻。

——查克·克洛斯特曼[○]

○ 查克·克洛斯特曼，美国知名作家，代表作《如果我们错了呢？》。

进入 21 世纪，以信息革命引导的新一轮科技革命、产业革命和军事革命迅猛发展、交织推进，以"智能、泛在、绿色"为特点，以人工智能、无人平台、大数据、云计算为代表的前沿技术群井喷发展。其中，人工智能技术作为当今世界发展最积极、最快捷、最具潜力的战略前沿技术领域，已然成为新一轮信息革命的最大驱动力和新一轮军事技术革命的核心动力源。人工智能正在对军事领域进行全方位改造，对战争形态产生颠覆性影响，推动形成智能化战争这一全新的战争形态。

第一节　智能化战争产生的诱因

现今世界科技正处在酝酿突破的前夜，信息时代的摩尔定律已濒临终结，智能化系统和无人作战平台将更广泛和深入地运用在地面、空中、水面、水下、太空、网络、电磁、认知等不同空间，推动信息化战争从数字化、网络化逐步迈入无人化、自主化的智能化战争时代，引发新一轮军事变革。综合分析，智能化战争形态的出现主要有四大成因。

一、社会经济形态变革是智能化战争产生的物质基础

恩格斯明确指出："武器的生产是以整个生产为基础的，因而是以'经济力量'，以'经济状况'，以可供暴力支配的物质手段为基础的。"美国未来学家托夫勒说："人们发动战争的方式，正反映了他们的生产方式。"战争形态是人类社会经济形态的产物，因为人们从事战争的工具是由特定时代的社会经济形态所决定。战争形态的历史发展，完全证明这一论断的正确性。"一战"时期，内燃机驱动的坦克、战机等新型作战平台的优异表现，激起世界各国大力发展新作战平台、探索新作战方式和新体制编制的浪潮，20多年后，以德国"闪击战"在第二次世界大战的成功实施为标志，机械化战争形态正式诞生。20世纪50年代以来，以计算机技术和信息技术为龙头的高新技术群不断发展，以使用信息化武器、数字化装备等为主导的信息化战争载入了战争史册，以"网络中心战"为代表的战争模式逐步诞生，使美军在海湾战争、伊拉克战争和阿富汗战争中无往不胜，进一步奠定了其世界超级大国的地位。

20世纪90年代以来，随着以人工智能为代表的高新技术的发展和渗透，大数据、云计算、深度学习实现了"大脑"功能；网络信息系统、人机交互设备充当"神经"系统；各类机器人、传感器等终端设备扮演"器官"角色，分别实现了记忆、识别、学习，信息感知、传输、交互，机动、行动等功能。在"云"的推动力、"网"的渗透

力和"端"的行动力共同作用下，不断颠覆人类工作和生活的方方面面，改变了传统追求机器作为人的外延的发展思路，出现了完全自主化、无人化的智能机器主导模式，也直接决定了下一代战争，不可避免地要以此为基础。人工智能代替人脑运算的生产方式，决定了智能无人装备不仅能够被动、机械地执行人的指令，而且能够自主、能动、智慧地执行作战任务。任何国家的军队如果没有突出智能化、无人化这一时代发展特性，那么这个国家的军队将不可避免地被动跟随战争形态的演进发展，甚至难以适应新的战争形态，最终落后于时代的发展而被动挨打，被历史的车轮无情碾压。

二、人工智能技术发展是智能化战争产生的直接动因

革命性技术是军事多米诺骨牌的第一张，一旦被推动，就不可避免地引发军事领域的连锁反应。人工智能是引领新一轮科技革命和产业变革的战略性技术，具有溢出带动性很强的"头雁"作用。人工智能技术的发展，使战争工具发生"断代性飞跃"，引起战争形态发生革命性变换。那么何为人工智能呢？我们分开研究。

智能是指生物在不可预测的情况下做出合理行为的能力；人工的意思就是人造的、人为的。人工智能，简单地说，就是以计算机模拟或实现智能。其智能是基于各种神经器官的高级综合能力，主要包括感知能力、记忆与思维能力、学习与自适应能力以及行为能力4个方面。霍华德·加德纳将人类智能区分为语言、逻辑、空间、肢体运作、音乐、人际、内省7个部分[⊖]，可以看出人类的智能更加复杂，就阶段性而言，人工智能还无法与人类智能相提并论。

⊖ 霍华德·加德纳.多元智能 [M].沈致隆，译.北京：新华出版社，1999.

阶段性人工智能研究的主要内容就是如何使计算机（机器）能听、能看、能感触、能理解、能思维、能说、能写、能学习、能决策规划，以及能适应环境变化、能解决各种实际问题、能有效反应行动等。

人工智能崛起始于 21 世纪 10 年代，并快速冲击人类社会各个领域。斯蒂芬·霍金说："人工智能的全面发展可能导致人类终结。人工智能可以实现自我腾飞，并以不断增长的速度对自身进行重新设计，而人类由于受制于缓慢的生物进化，将无法与之竞争，最终必将被取代。"比尔·盖茨说："在未来几十年，人工智能会强大到足以引起人们的关注。"但他们这些"骇人言论"并没有引起人们对人工智能的恐惧，反而促使各国加速推进，并不断向军事领域拓展。

人工智能技术在未来的应用和发展中必须要迈上 4 个新的台阶：一是计算智能，突破计算能力和信息存储空间的局限性，实现了几乎实时的人工计算和信息存储能力。目前，云计算技术已帮助人类稳步迈上第一个台阶。二是感知智能，机器能够听得懂、看得清、分辨真伪，并能实现与人直接进行交流和对话。以先进的大数据技术手段为主要基础的自然语言理解、图像和图形认知、生物学特征识别等新技术，将逐渐把人类引向第二个台阶。三是认知智能，机器可以理解人们的思想，实现像人一样去思考、推理、判断和决策。以深度机器学习、关联算法等技术为核心驱动的知识开发、知识图谱、人工神经网络、决策树等新技术，使得人类开始朝第三个台阶阔步而行。四是"人机结合式"增强型智能化，将机器所擅长的知觉、推理、归纳、学习等，与其他人类所擅长的搜索、计算、储存等方面进行优势互补、双向闭环的互动。虚拟现实、增强现实与混合现实技术（VR/AR/MR）、类脑认识技术、类脑神经网络技术，正在探讨人类将如何迈向第四个台阶。随着感知智能、计算智能、认知智能和增强智能在军事领域的广泛应用，推动武器装备向自主化、无人化、智能化"三化"，作战无人、无声、无形"三无"迅速发展，愈发刺激和驱使智能化战争走向成熟。

三、争夺战略先发制人是智能化战争产生的重要诱因

人工智能展示出的广阔前景和强大功效，促使当今主要国家纷纷把快速研究发展人工智能技术群作为增强国家综合竞争力、保障国家安全的重大战略，同时加紧制定和出台配套规划政策，深入进行战略布局，围绕基础理论、核心技术、顶尖人才、标准规范、配套装备等进行强化部署，力求在新一轮竞争中占据主导地位。美军以人工智能为核心引导军事建设，积极推出第三次"抵消战略"。该战略具有明显的指向性，其技术选择聚焦人工智能，提出要将自动化深度分析、智能化辅助决策、人体机能增强、有人无人协同等"人工智能和自主作战技术"作为"关键催化剂"，意在对主要竞争对手形成决定性军事优势，这是美军自军事信息化以来的一次重大战略转向，意味着美军为迎接新的战争形态到来，已经展开全面准备。俄罗斯总统普京指出："人工智能不仅决定俄罗斯的未来，也决定全人类的未来。谁成为这一领域的领导者，谁将主宰世界。"《俄罗斯联邦科学技术发展战略》提出未来 10~15 年科技发展重点领域，人工智能居首[一]。日本学者认为智能化武器的威慑力堪比核武器，是未来战争进程的"改变者"，可为国家安全提供重要保障和屏障。

各军事强国根据实际需要，建立相关机构，加强智能化装备研发和力量建设的组织领导。美国将智能化作为未来先进技术的重点发展

　⊖　刘永才. 新形势下武器装备发展思考 [J]. 战术导弹技术，2020，0（04）：1-012.

方向，纳入整体装备发展与采购机制，美国国防部负责采办、技术与后勤的副部长和负责研究与工程的助理部长，负责制定人工智能等先进技术发展规划，协调军种、军工、智库之间关系；美国国防先期研究计划局、战略能力办公室等职能机构，统筹国防关键项目的研究与开发，进行全军高新技术的基础研究与应用，发展包括智能武器装备在内的未来颠覆性技术，谋求长远技术优势。俄政府科研组织管理署负责管理、协调人工智能领域科研活动，俄军在总部一级专门设有两个负责智能化建设的领导机构：总参无人飞行器发展建设局负责智能化作战力量发展、建设统一规划；俄罗斯国防部机器人科研试验总中心统筹全军智能化作战装备研发和人才培养。日本政府设有"人工智能技术战略会议"，统筹推进人工智能发展规划，成员单位包括总务省、文部科学省、经济产业省，以及多个大型企业和科研机构；日本防卫省防卫装备厅所属"先进技术推进中心"负责人工智能等先进技术研发。

同时，高度重视智能化建设的顶层设计和整体规划。美军《2013—2038年无人系统综合路线图》《2016—2036年小型无人机系统飞行规划》《机器人-9自主系统战略》《无人潜航器主计划》《无人水面舰艇主计划》等文件，将"自主化"和"无人化"作为科技研发的重点领域，详细规划在机器人和自主系统领域能力建设目标的实施途径、方式等。俄军《军用机器人综合系统使用构想》《军用机器人国家技术标准》等文件，对智能化技术装备和作战力量发展建设进行中长期总体规划，提高军内各部门和军工系统合作效率。定期组织召开"军用机器人科学技术大会"，广泛邀请军地职能部门、科研机构及军工企业代表参会，研讨智能化军事技术发展方向。日本《科学技术基本计划》《人工智能技术战略》《防卫技术战略》《中长期技术展望》

等文件，总体规划人工智能技术发展方向。日本防卫省通过《中期防卫力量整备计划》以及年度预算方案，逐步推进智能化武器装备研发与采购。

美国陆军 2015—2040 机器人和自主系统能力发展规划

四、局部战争为智能化战争演化提供了检验平台

战争是新军事技术的"催产婆"，当现有战争体系结构无法有效应对安全威胁，新的技术需求就会产生。20 世纪 80 至 90 年代，随着信息技术的快速发展和人工智能的初步应用，原先操控起来难度很大、风险很高的军事无人系统，开始变得越来越容易操作，可靠性越来越高，其战场价值开始显现。进入 21 世纪，人工智能技术不断进步，并受阿富汗战争和伊拉克战争需求刺激，具有初级智能的武器装备，包括无人机、地面机器人等，越来越多进入战场，发挥着日益重要的

作用。

美军是军事智能化的引领者。美国前国防部副部长格里芬曾说过,美军共有约600个与人工智能密切相关的项目,包括"终身机器学习""小精灵""指控官虚拟参谋"等。在无人平台方面,美军的军用无人机不仅种类多,而且作战性能优异,长航时无人机有RQ-4"全球鹰"、RQ-7"影子";察打一体无人机有MQ-1"捕食者"、MQ-9"死神"等;微型无人机包括"徽星""黑寡妇"等;空天无人机有X-47B、X-37B、X-51A和HTV-2等。另外,美国陆军和海军装备的"魔爪"机器人系列、背包机器人系列、抛式机器人系列、遥控弹药处理系统(RONS)、M160遥控排爆机器人、"海上猎手1"中型无人艇、大型UUV-曼塔(MANTA)等,均处于世界领先水平。在实战应用方面,2014年至今,美军在伊拉克和叙利亚打击"伊斯兰国"极端组织共发动3800余次空袭,其中875次由无人机担负,占到23%。

装备性能参数	
长/高	1.6m/1.2m
重量	800kg
爬坡能力	≤ 25°
越障高度	≤ 21cm
最大操控距离	1500m

平台-M

2013年以来,随着俄军"新面貌"改革完成,俄军从组织领导、体系规划、装备研发、战法研究、实战检验等方面,全面加强智能无人作战力量建设，依靠其雄厚的军事工业基础，俄无人作战力量得到迅速发展，并多次在俄格战争、叙利亚战争等实战环境中投入使用并收到良好作战效果。2015年俄军使用"仙女座 –D"自动化指挥系统指挥6部"平台 –M"、4部"阿尔法"作战机器人、3架无人机、1套"仙女座"指挥系统，对武装分子盘踞的高地发动突击，后由叙政府军打扫战场，仅用20分钟，"零伤亡"击毙70余名武装分子并夺取高地。这是军事史上首例以机器人为主力的地面作战行动。俄罗斯战略火箭部队也开始使用"平台 –M"机器人对公路机动型战略导弹分队行进路线进行勘察，并执行警戒、反恐任务等，不但节省了兵力，而且提升了防卫有效性与连续性。

战争实践是推动智能化战争发展的"催化剂"，使人们深刻感悟到智能化战争的巨大优越性。世界各国都自觉地接受智能化战争，设计智能化战争，准备打赢智能化战争[⊖]。

装备性能参数	
长 / 高	1.5m/1.3m
重量	340kg
最大载荷	273kg
最大行程	28km
最大速度	13km/h

阿尔法

⊖ 李海明.是什么在推动战争向智能化演变［N］.解放军报，2018–11–06.

第二节 智能化战争的主要内涵

准确揭示智能化战争的内涵、特征等，是打赢未来战争的前提。谁能准确把握未来智能化战争的特征规律，谁就能在下一场战争中赢得先机。

一、智能化战争的定义探寻

近代以来，人类社会主要经历了大规模的机械化战争和较小规模的信息化局部战争。

20世纪前半叶连续发生的两次世界大战，是典型的机械化战争。机械化战争，主要基于牛顿定律、经典物理学和社会化大生产，以大规模兵团、线式对抗、接触作战为主，在具体行动上，通常要先进行现地考察侦察、勘察地形、了解对手前沿与纵深部署情况，结合己方作战能力定下行动决心，再进行任务分工、作战协同和综合保障，呈现出明显的指控按层级、行动按步骤、时空串行化等特点。

20世纪90年代以来的海湾战争、科索沃战争、阿富汗战争、伊拉克战争，充分体现了信息化战争的形态与特点。信息化战争，主要基于计算机，以及摩尔定律、吉尔德定律和梅特卡夫定律网络三大定律，以一体化联合、精确、立体作战为主，建立"从传感器到射手的无缝快速信息链接"，夺取制信息权，实现先敌发现、先敌打击，通过信息流不断加速"OODA"循环⊖。在具体行动上，则要对战场和

⊖ 20世纪70年代由美国空军上校约翰·博伊德提出。Obseration（观察）、Orientation（判断）、Decision（决策）、Action（行动）。

目标进行详细识别、基于地位作用进行编录和排序，突出情报信息和战场态势的实时监控掌握，突出网络化感知和指挥控制系统的作用，对作战平台的互联互通等信息功能提出了新的要求，由于全球信息系统和多样化网络通信的发展，信息化战争淡化了前后方的界限，强调"侦—控—打—评"横向一体化，"战略、战役、战术"一体化与扁平化，强调信息系统的网聚效能和情报信息的赋能作用。

随着信息对抗能力的不断提升，战场中信息量呈现出爆裂式增长，战争迷雾的根源从原来的"信息缺乏"演变为海量混杂信息引发的"信息淹没"，时间成本、经济成本难以跟上武器装备和技术迭代的速度，也难以跟上新时期人类对战争提出的"零伤亡""秒决战"要求。尽管信息化的武器装备依然有改进的空间，但它们在米级精确打击、全球宽带联通以及近实时摧毁的情况下，已不可能有大的突破，高昂的战争成本也使很多国家难以支撑。此外，以现代信息技术和网络技术为主要支撑的新型军事动力、核心元器件、高端芯片、关键原材料、先进的制造技术和工艺、基本软件等诸多方面均遭到了瓶颈，而其所具备的各种军事和行动能力都正在日益地趋近于发展的极限。

信息化战争的瓶颈主要表现在三个方面：一是战场指控难应对。信息化战争的指挥控制主要面向战场态势模型展开，面对数千万亿量级以上的数据量，10毫秒量级以下的响应时间，远超人工指控的能力极限。同样，传感节点与通信网络在战时一旦遭到大范围毁伤，作战指控还将面临信息缺失的挑战。采用传统战场指控的方法，将无法实时处理战场数以千计传感器所获得的海量信息，有效完成情报提取，并按照时效要求重构战场态势，战场指控将难以应对。二是信息传输超负荷。战场信息量的发展基本遵守摩尔定律，以1991年的海湾战争和2003年的伊拉克战争为例，这两场战争前后相隔12年，且后者规模相对前者小许多，但美军战场传输信息量却增加了 30 倍以上。数以千计的传感器获得的海量信息，如果依旧按照不加自主甄别处理的方式直接传输，尤其是考虑到复杂电磁环境，其传输能力将会面临超负荷的风险。三是作战体系易瘫痪。面对信息对抗、网络病毒、赛博空间的攻击等，网络安全性将会受到严峻挑战。2007 年，以色列军队使用美军"舒特"系统，将编造的数据输入叙利亚防空雷达网，迅速使叙防空系统失效，而后以空军 10 余架非隐身战斗机突入叙领空，轰炸疑似核设施后，原路返航，全程未受到叙军任何还击，被认为是网络战与常规战的完美结合。2019 年，印巴冲突中，网络战先于空战打响，并呈现出与军事等各种冲突同步推进、交织影响的态势。2019年 6 月，作为对伊朗击落美无人机的报复，美网络空间司令部对伊朗军事目标发动网络攻击，网络战已成为美常态军事选项。为了应对这一问题，各军事强国加快推进以人工智能、大数据为主体的技术应用，推动智能化战争加强演进。

　　智能化战争诞生于信息化战争之中，但逐步剥离成形。智能化战争取代信息化战争，存在着很大的历史必然性：一是信息化战争主要通过信息调用物质、能量而达成目的，而智能化战争主要通过智能机器调动物质、能量、信息而达成作战目的，智能相比信息具有更大优势。二是武器装备不仅作为人能力的延伸，更作为人进行战争的主要工具，在人工智能"赋能"下，逐步走向"自主"，走向战争舞台的中央。三是随着信息化战争的发展，空间上更加多维、力量更加多元、形态更加多样、节奏更加鲜明加快的发展趋势日益凸显，指挥员有效地进行战争指挥控制面临着"脑力"和"体力"的挑战，迫切需要人工智能作为"指挥外脑"提供支持。未来各种智能化的技术要素逐渐深入作战的各个环节和要素，最终达到作战指挥平台的无人化、自主化，并且分布于战场全维，与作战体系的每一作战单元和作战要素相融合。指挥控制进入人机协同，作战行动则实现"无人回路"。

智能化战争作为一种全新的战争形态，有别于信息化战争这一点，诸多学者已经达成共识，但是对于智能化战争的认识，尚无统一的论述。现在比较主流的论述有：有学者认为智能化战争是基于人工智能技术的发展应用，在军事领域提出的一种新的战争形态；还有学者认为智能化战争是以人工智能为核心的前沿科技在作战指挥、装备、战术等领域渗透、拓展的必然发展方向。笔者认为这些概念扩大了人工智能的作用，并没有触及智能化战争的实质。

吴明曦研究员认为：智能化战争主要基于仿生、类脑原理和基于AI的战场生态系统，是以"能量机动和信息互联"为基础，以"网络通信和分布式云"为支撑、以"数据计算和模型算法"为核心、以"认知对抗"为中心，多域融合，跨域攻防，无人为主，集群对抗，虚拟与物理空间一体化交互的全新作战形态。[⊖] 这个概念比较系统、全面，深刻阐述了智能化战争的技术支撑、作战重心、作战形式，但未对智能化战争的作战空间、力量主体等进行阐述。

综合国内外专家的研究成果，我们分析认为：智能化战争是指以传统物理域、新型边际域（极高、极深、极小、极寒、极热等空间）、信息域、认知域为综合行动空间，以自主化智能作战平台和人体增强士兵为参战主体，以大数据、深度学习、超级网、虚实端、新兴材料等前沿技术群为物质支撑，以无人争锋、自主交战为主要作战样式，实施的智能自主、全维对抗、跨域攻防、一体交互的全新作战形态。现阶段智能化战争才刚刚开始萌芽，还主要表现为信息化战争的一个

⊖ 吴明曦.智能化战争——AI军事畅想［M］.北京：国防工业出版社，2020：62.

高级阶段，但制胜机理将逐步颠覆传统，组织形态逐步发生质变，作战效率将空前提高，战斗力生成机制将发生转变。

战争形态演变进程

战争形态	冷兵器战争	热兵器战争	机械化战争	信息化战争	智能化战争
技术领域变革	冶金技术	火药、火器	蒸汽机、内燃机	计算机、卫星、互联网	人工智能
人体机能物化	手		脚	耳目、神经	大脑
战争比拼重点	杀伤力		机动力	信息力	组织力
基本制胜方式	强打弱 / 多打少		远打近 / 快打慢	精打精 / 准打偏	智打钝 / 巧打拙
作战领域拓展	陆、海		空	网、天	认知、边域
作战功能变革	火力打击		机动运动	侦察 / 通信	决策指挥

二、智能化战争的主要特点

（一）指挥控制智能化

智能化战争，数据基数更为巨大、信息传递更为快速、辅助方式和手段更加智能，指挥行动过程中的许多活动将被人工智能代替。一是态势智能感知。可对多源情报进行智能化融合和处理，从海量数据中自主提取相关信息，获取有价值情报，指挥人员可以做到实时了解和掌握战场态势。二是决策人机协作。可以从更大、更全面的战场资料集中分析和挖掘出更多支撑决策的军事情报资料，提升决策精准度、全面性。三是规划动态生成。基于人工智能、人机接口等互联网技术的智能化作战系统，将极大地提升作战方案的更新节奏，快速向指挥员提出作战方案规划调整和完善意见，有助于指挥员及时地更新作战任务规划，提升部队快速反应能力。四是控制敏捷响应。能够有效地利用类似于人的视觉、听觉等传感器，跟踪、监视目标信号，进而实现智能化调控针对目标的攻击性行动。五是效果实时评估。可将多源情报信息进行相互关联、比对、预测和总结，并且通过依据各个作战单位的力量、作战发展潜力、综合保障等影响因素，对各个单位的作战效果进行深度挖掘和分析，实时得出评价结论，为指挥人员调控部队提供数据支持。

智能化作战指挥示意图

（二）作战平台无人化

目前，全球超过70个国家的军队装备了无人作战平台，种类超过150多种，其中美军飞机总数中超过50%为无人作战飞机。由此可见，无人作战平台将成为未来智能化作战的重要支撑，其有五大优势：一是性能卓越。由于无人平台设计是以任务为中心，不必考虑乘员需求，许多受限于人身安全、人体生理限制的技术都可以在智能无人平台中使用，因此无人平台具有重量轻、体积小、机动性强、隐身性能好、持续工作时间长等优点。以无人作战飞机为例，与携带相同有效载荷的有人作战飞机相比，无人作战飞机的重量可减轻

15%~57%、体积可缩小40%；最大飞行速度甚至可达到1215米/秒的高超声速，最大飞行高度可达到25~38千米，航程可达10000多千米，续航时间长达数十小时；机动过载最高可达20G，而目前飞行员能承受的机动过载能力只有7G，有人作战飞机目前很难或根本不可能达到这些优异性能。同时，由于智能无人平台尺寸小，且不受座舱、人的生理和心理极限以及生命保障等因素的制约，即便是非隐身设计，在不牺牲作战性能条件下，其外形和横截面的设计也会产生隐身效果。例如，无人战车可以设计成外形更扁平，横截面更窄或呈流线型；无人作战飞机采用无尾设计，既减轻重量和减少阻力，又降低雷达反射截面。当然，智能无人平台若采用隐身设计，其隐身效果肯定更佳。二是无惧伤亡。无人平台的独特优势之一就在于可在危险环境下作业，更好地保护作战人员、减少人员伤亡；一些必须执行的危险系数较大及人类不可能完成的任务可交由无人作战系统去执行。无人作战系统不吃不喝、不怕疲劳、不惧艰险、不受任何心理因素干扰，即使作战系统处于贫铀弹、毒气、冲击波、热辐射袭击等极为恶劣的战场环境下，仍可正常执行侦察和作战任务，这是载人装备系统难以做到的。另外，在与有人驾驶系统协同编队作战遇险时，无人系统还可以通过牺牲自己来保全有人系统人员的安全，从而大幅度减少作战人员的伤亡。同时，无人平台没有人类恐惧的本能弱点，能完成人类无法完成的高危险性动作，也能毫不迟疑地承担自杀性作战任务。三是战力强大。无人平台反应灵敏、察打一体，能有效应对时敏目标。在未来战争中，能否对重要目标和时敏目标实现发现即摧毁，是衡量部队快速反应能力、捕捉战机能力的重要标准。而无人平台，在强大的情报侦察能力支撑下，可迅速锁定目标，并利用携带武器对其实施攻击，实现侦察与攻击的有效结合。在2001年的阿富汗战争中，塔利班头目奥马尔同他的家人乘一辆越野车外出时，被美空军"捕食者"无人机发现并锁定，当即发射了两枚"海尔法"导弹，将车炸毁，出色地完成了侦察和攻击任务，验证了无人机作战攻击的可行性，实现了察打一体，有效解决了时敏目标的打击问题。四是训期缩短。与传统武器系统操作训练周期一般长达数年不同，无实际飞行经历的无人系统操控员仅需要不到一年的训练，就可以远程操控"捕食者""死神"等无人机参加实战，并且，训练周期随着无人系统智能化程度的提高还在不断减少。一些小型无人系统操控训练的时间，已缩短至几天甚至几小时。2014年，美海军研究实验室测试了一款动用声呐软件的无人直升机，没有任何飞行经验的操作员只需经过几分钟训练，就可以利用平板电脑向其发出着陆指令。训练周期大幅缩短，意味着战斗力形成周期大幅缩短，这将使使用智能化作战系统的一方拥有在短时间内打造或再造一支强大军队的优势。五是成本较低。无人作战装备研制和使用费用低、作战效费比高的特性越来越引起各国的重视。以无人机为例，首先在研制费用上，有人驾驶飞机是无人机的几倍或几十倍。美国研制的各类无人机费用如下："骑士"无人侦察机研制费为2.685亿美元，单价为335万美元；曾在波黑战场实战使用的"捕食者"中空长航时无人侦察机研制费用为2.099亿美元，采购单价不超过300万美元；"全球鹰"高空长航时无人侦察机研制费用为3.707亿美元，"暗星"高空长航时隐身无人侦察机研制费用为3.69亿美元，两者单价均在1000万美元以上。而像F-15这样的美国第三代战斗机的研制费用则高达20亿美元，单价也为3000万~5000万美元；像F-22这样的第四代战斗机的研制费用竟高达200多亿美元，采购单价近亿美元。从以上数据可以看出，无人机的研制费用和采购费用都远远低于有人驾驶飞机。其次在维护保养费用上，由于无人作战平台可以在设计时降低载员生理条件和安全条件有关的指标要求，适当降低装备结构强度的要求，使得无人作战平台的重量降低，节省采办周期内的费用。比如，无人作战飞机能像巡航导弹那样，平时可长期封存在库房内，无须频繁维护与保养，战时即可投入使用，由控制站的操作员控制其飞行和作战。而操作员完全可以依托模拟器进行训练，无须出动飞行架次，其训练费用远低于训练飞行员的费用（训练一名飞行员平均每年需耗资200万美元）。因此，无人作战平台寿命期内的使用维护费大幅度降低。例如，无人飞机使用维护费用只是相同航程和有效载荷的有人作战飞机的20%~60%，甚至更低。第三在支援保障费用上。由于无人作战平台不载人，因此可以设计得结构简单、尺寸小、重量轻、使用方便、易于操作和维护，降低由载员参与而带来的设计复杂性和大量的装备活动适应性等，从而使其采办费用和作战支援保障费用大大降低。无人机的机体因没有驾驶舱，一般可使机体缩小40%以上，微型无人机的大小仅有6厘米，重量约10克，无须跑道或机场，即可像巡航导弹一样由地基、海基等平台发射；无人机飞行中队的规模可减少10%~20%，作战与支援保障费用可以节省55%~84%，甚至节省的费用比例还会更高。第四，在使用费用上经济效益也非常可观。在1998年12月的"沙漠之狐"行动中，美军在70小时内分别发射了325枚"战斧"巡航导弹和90枚"AGM-86C"常规空射巡航导弹。如果当时能选用可重复使用的无人作战飞机，如X-45A，挂载采用GPS精确制导的联合直接攻击炸弹来实施相同打击任务的话，其花费会大大降低。因为GPS制导炸弹每枚约为1万美元，而"战斧"巡航导弹每枚约100万美元。如果进一步考虑武器发射平台的采购、使用和保障费用的话，那么无人作战飞机的作战效费比优势就会更加明显。

美国军方正在部署或测试的部分无人机平台

无人机平台	生产公司	美军装备情况	类型	规格	航程	升限	航时
黑黄蜂 3 Black Hornet 3	FLIR	陆军 海军陆战队 特种作战部队	微型	长 0.168m 转动翼展 0.12m 重 23g	2km	近地型	25min
狙击纳米无人机 Snipe Nano	Aero Vironment	未公开	微型	重 140g	1km	近地型	15min
即时眼 Instant Eye	PSI Tactical Robotics	陆军 海军陆战队 / 测试	微型	重 249.5g	1km	近地型	15min
灰山鹑 Perdix	MIT Lincoln Labs	海军 / 测试	微型	长 0.07m 翼展 0.3m 重 290g	未公开	近地型	20min
黄蜂 RQ-12 Wasp	Aero Vironment	陆军 空军 海军陆战队	大型	长 1.52m 翼展 0.91m 重 1293g	5km	152m	50min
美洲狮 RQ-20 Puma	Aero Vironment	陆军 海军陆战队 空军 特种作战部队	大型	长 1.40m 翼展 2.79m 重 6350g	20km	152m	3h
天空管理员 Sky Ranger	Aeron Labs	海军 海军陆战队	大型	折叠长度 0.51m 重 2404g	5km	457m	50min
狼蛛鹰 RQ-16 T-Hawk		陆军 海军	大型	重 9072g 垂直起降	6km	3200m	40min
渡鸦 RQ-11 Raven		陆军 海军陆战队 特种作战部队	大型	长 140m 翼展 1.37m 重 1905g	10km	4500m	90min
潜行者 Stalker	Lockheed Martin	特种作战部队	大型	翼展 3.05m 重 6577g	20km	4572m	2h

（三）作战行动自主化

智能化作战的核心在于智能自主。所谓智能自主。就是将决策权赋予智能武器或系统，使其能在特定范围内自由采取行动。风靡网络的人工智能"杀人蜂"视频，在一定程度上展现了未来智能化、自主化作战的突出特点：一是战场态势感知自主精准。运用智能识别技术，基于联合作战体系和大数据支持，形成对战场态势的精准感知判断。二是作战设计自主高效。通过人机交互的方式完成设计性决策，然后由机器自主完成侦察、判断、打击等执行性决策。三是任务规划自主科学。依据作战设计，结合战场态势，自主形成行动规划，全程动态自动验证并自主调整计划。四是作战行动自主灵活。无人作战行动能够进行整体自主规划和行动控制，无人与有人作战行动能够自主协调。五是效果评估自主快捷。能够依托大数据和人工智能，自主快速完成多手段打击效果的评估、反馈。

美国陆军微型无人机作战示意图

（四）作战体系重构化

智能化系统、数据链、作战云的支撑，使作战体系由以往的相对固定性向快速重构性转变，各作战要素根据作战需要进行自适应组合，实现广域精确聚能释能。一是体系分布多域拓展。未来作战空间向陆、海、空、天、电、网以及认知域、社会域等多个领域拓展，能够在更为广阔的空间进行非线式、不规则、广域疏散部署。二是体系运行跨域聚能。作战力量结构更为灵敏、轻便、精干和高效，动态重组和战场适应能力不断增强，能够根据作战需要，快速灵活调整，实现在物理域、信息域、认知域深度跨域聚能。三是体系效能精准释放。能够通过智能半智能自主控制协调，达成全域空间内各种作战力量、作战平台的实时反应、快速机动和协同行动，作战效能由逐步释放和作战效果的线性叠加，向非线式、涌现性、自适应、自组织性等各系统效应融合转变，实现作战力量的精确释能。

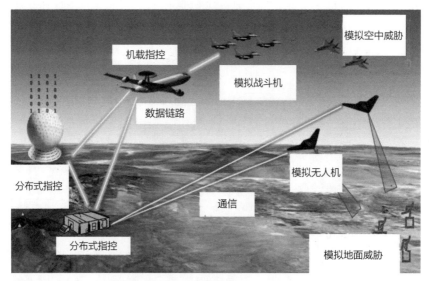

美军无人异构平台互连解决方案"铁手套-8"试验

（五）作战方式灵巧化

随着智能化技术的不断成熟，作战平台的生成成本越来越低，低风险、低成本、低门槛交战成为作战运用的主要特征。一方面，作战手段更加多样。2017年底，叙利亚反对派组织使用低廉的胶合板、木头、铝合金板、胶带等制成的木质混合结构、汽油动力固定翼无人机，对俄罗斯发动了无人机集群打击，这种"蜂群式"的打击方式，体现了"数量本身就是质量"的价值。未来作战中一次可投入大量低成本无人作战平台，运用更加多样的手段，实现以最小的代价获取更大的作战效益。另一方面，交战方法更加灵活。各军兵种作战力量末端实现精细化融合，在多个领域和整个战场纵深创造临时性的优势窗口，通过链式反应累积，形成更多的临时优势窗口，进而形成蝴蝶效应，通过更快的作战速度、更高的作战效能，迅速达成作战目的。2020 年的纳卡冲突中，阿塞拜疆、亚美尼亚出动 300 余架次无人机实施交战，最大亮点是阿方无人机完成 50% 以上战果，一跃成为战场主角。据统计分析，阿军使用无人机累积击毁亚军 250 台装甲车辆、270 门火炮、60 余件 / 套防空武器、11 处指挥所及防御阵地、8 座弹药库等。

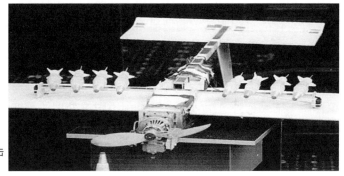

叙利亚反对派袭击所使用的无人机

三、智能化战争的发展演变

综合研究当前军事技术及其应用的发展阶段，结合武器装备与技术的发展现状，可预测智能化战争的发展基本分为三个阶段：

（一）萌芽期："要素参与式"融入

智能化作战初级阶段，以"人在环中，以人主导"为主，人工智能主要以单装单要素形式，适度参与到作战中的某一阶段或某一具体行动。

（1）参与态势感知　战场态势感知是交战的基础和源头，直接关系到交战双方对战场环境的认知与判断。将大数据技术、关联算法、深度学习等应用于有人无人侦察监视平台，可基于侦察情报信息自主对战场目标进行精准识别、分类、筛选、融合；还可根据作战方案和科学算法，精选价值目标生成打击清单，为作战筹划、火力打击等提供参考依据。近十年来，人工智能在图像识别、文本识别、复合识别、非结构数据识别等领域获得广泛应用和快速发展，进一步加速了参与态势感知的深度和广度。

（2）参与辅助决策　基于深度学习、云计算、大数据挖掘等技术，智能化系统可以从海量的战场数据中提取有用情报信息并进行分析处理，针对作战进程中的不同情况，提出针对性措施建议；还可利用暴力运算学习古今中外大量"战例"，对可能情况进行"碰壁式"演算、仿真推演和逻辑分析，对敌未来行动进行预判，量化可能得失，充当"虚拟参谋"辅助指挥员决策。尤其是用于图像处理的智能识别，用于作战决策的"寻优算法"，用于机器学习的神经网络等智能技术的军事化运用，将赋予智能化系统更加高级、完善的决策能力，使其实现"理解作战意图""完全自适应协同"等功能。

人机协作

（3）参与杀伤打击　针对目标特性设定不同的打击强度，真正做到量敌用兵，并实时评估毁伤程度，自主选择打击平台、弹药类别，自主决策是否对目标进行二次打击，使火力打击更加集约高效。纳卡冲突中，阿塞拜疆用 TB-2 无人机和"哈洛普"反辐射无人机突破亚美尼亚的防空体系，呈现出"无人平台 – 智能弹药"协同、集群运用模式，大大缩短了 OODA 循环周期，加快了作战节奏。

装备性能参数	
翼展	12m
最大起飞重量	0.65t
有效载荷	≤ 150kg
最大航程	150km
最大升限	6858m
续航时间	≤ 27h

TB-2 无人机

这个阶段，以无人作战平台智能化、战术行动规划智能化为主要标志，人工智能技术主要应用于武器装备和战术行动层面。一方面，通过智能技术嵌入升级改造，提升现有武器装备作战能力；另一方面，对战术行动采用人工智能技术进行自主任务规划。传统武器装备在提升精确制导能力的基础上，进一步向多任务智能化方向发展，大幅度摆脱对人的过度依赖，并提升综合打击效果和对抗效费比。

（二）发展期："小群模块式"融入

智能化作战中级阶段，以"人在环内，人机协同"为主要特征，人工智能技术群以独立小规模编组嵌入到某一作战进程，或者直接担负某一作战模块的具体任务。

（1）基于高速信息网的智能运用　依托高低轨道高速通信卫星、万物互连物联网，网聚构建无人作战群队。根据侦察监视、定点清除、饱和突击、作战保障等不同类型作战任务进行作战运用，实现"分布式"侦察监视、"点名式"一击绝杀、"饱和式"火力覆盖、"诱骗式"消耗战力等功能。如采取灵巧化、小型化的方式进行"导弹快递"运用，除快速找到目标外，还具备随机改变机动路线、自主躲避敌方拦截系统、超长悬浮滞空、一弹多能等功能，使侦察打击无预警、"幽灵化"。再如基于无人驾驶系统进行的"智能车队"，只需输入运输任务和目的地，"智能车队"即可区分车辆用途、合理编组梯队、自动规划行进路线、自主躲避火力打击，能够在部队远程机动、后勤物资运输、战场弹药保障等场景发挥重要作用。

（2）基于战术互联网的局部匹配　在作战区域上空发射一个基于人工智能的悬浮"通信中继""边缘云"，信号覆盖作战区域内的所有作战部队，云端处理近端大数据信息，使预定作战区域形成人工智能"加持"战场。担负尖兵的前锋部队可通过"通信中继""边缘云"与指挥所进行信息交互，协助定下决心，驱赶敌方警戒分队，探明敌方战斗部署，为己方作战创造有利条件。火力快反部队可通过"通信中继"快速响应火力呼唤，实施精准火力打击，还可基于人工智能平台对打击目标进行优先级排序，确保打击效益最大化。防空分队及时感知来袭导弹和飞机的数量及位置信息，自主分配防空火力进行防御拦截，确保作战区域对空安全。美军"分布式杀伤"作战概念中，就设想其卫星被敌方摧毁后，使用无人机担负空中通信中继平台，联通各作战力量和作战平台。

（3）基于战场数字化的自动响应　在作战区域内分区布设虚拟

化的智能调整点、任务线和区域线，精确调控部队行动。调整点可主动推送当前位置信息、附近作战地形地貌、道路通行情况和气象水文环境等作战保障数据，为作战部队选择机动路线提供参考。任务线主要用于划分作战区域、区分作战任务、提示战斗转换等。作战部队经过任务线时，能够自动接收任务信息，避免作战中因任务不清造成混乱。区域线的作用主要是感知作战区域内的敌我兵力、兵器数量对比，判断敌方进攻或防御的主要方向等信息，可与各类侦察情报源融合生成实时态势图，推送至任务区内的所有作战指挥平台，尽最大可能消除战争迷雾。

这个阶段，以装备自主化、战场无人化、力量融合化、人机协同化为主要标志，实现多种无人平台、系统之间的高度自组织协同作战以及有人系统与无人系统之间的互信协同作战。人工智能开始全面融入作战体系各环节，战争形态逐步向智能化演进。

（三）成熟期："集群自主式"融入

智能化作战高级阶段，人工智能以大规模、多要素编组形式，独立自主遂行作战任务。

（1）族群作战　族群作战是一种颠覆性技术，是指通过模拟群聚生物，如蚂蚁、蜜蜂、鱼群等的协作行为与信息交互方式，运用传感器、定位设备、处理器等硬件，组网融合分布式的单个无人作战单元，形成无人作战集群，衍生出能力更强的作战效能，瞬时动态聚能、精准融合释能、合力破敌克敌。如使用空基、陆基、舰基平台，发射或投放数量庞大、价格低廉的空中"蜂群"、地面"蚁群"、水际"鱼群"，自适应、自控制、自调试，"鱼贯式""饱和式"攻击节点目标，以较小的代价实现作战目的。

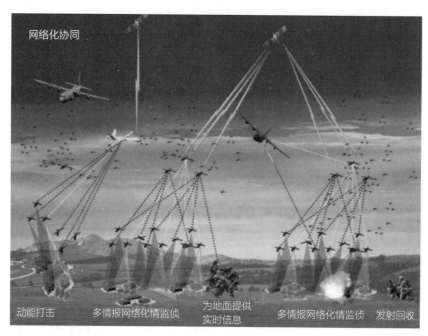

网络化协同

动能打击　　　多情报网络化情监侦　　　为地面提供　　　多情报网络化情监侦　　　发射回收
　　　　　　　　　　　　　　　　　　　实时信息

美军无人机蜂群低对抗环境作战想定

（2）自主作战　智能化作战的核心在于自主性，而自主性水平则决定了武器装备智能的高低。智能化战斗部队包含作战所需的各种要素，具备自组织和自修复能力，能自行感知、判断、决策、应对威胁。还可根据战场态势发展和作战需要，自主调整指挥模式，"谁合适谁主导、谁有利谁发射"，形成"态势共享－同步协作－聚焦释能"的战斗力生成链路。

智能化战争发展演进可能趋势

主要阶段	萌芽期	发展期	成熟期
时间划分	2030 年左右	2050 年左右	远期
技术水平	机器能够处理海量信息，识别语言图像，分析语言；单体智能较为成熟；面向特定领域的"专家"式智能取得突破。	机器能够深度学习、抽象思维、分析思考；以"族群"为代表的群体智能走向成熟；各类"专家"式智能大量兴起。	机器思维能力几乎在所有领域超越人脑；人机融合式智能走向成熟；"一脑百用"的"通才"式智能蓬勃发展。

主要阶段	萌芽期	发展期	成熟期
自主程度	指令式作战：能够无人自主运行，但具体行为依赖人类发出的遥控指令。	自主式作战：能够按照预设指令和程序，自主感知、判断、决策、行动。	独立式作战：能够模拟人类思维或超出人类理解，展现特有的作战艺术性。
作用领域	侦察监视、目标识别、数据处理、网电对抗、部队训练、战术指挥、辅助决策。	火力打击、后勤保障、作战筹划、作战管理、任务规划，对战役指挥发挥重要作用。	对战略评估、战略决策、战争设计等战略层面事务发挥重要作用，智能化军事对抗有效展开。
力量规模	在战术层面超越有人平台，占据主导地位，人机混合编组大量出现。	在战役层次超越有人平台，占据主导地位，各类专业化无人部队大量出现。	有人平台退出作战一线，无人平台形成巨型、复杂、自适应作战体系。

（3）全维作战　智能化时代的战争将不再局限于陆、海、空、天、电、网等战场，还可能拓展到政治、经济、科技、外交、军民士气等多个领域。人工智能可以深度参与各领域的行动决策，运用大数据和智能算法通盘考虑各领域在作战中的权重和效费比，综合用力、全面出击、全维对抗。运用人工智能技术可以周密设定战争规模、作战目标、打击样式和毁伤程度，使作战对手遭遇全维立体打击，国家机器瘫痪，作战体系失去效能，进而迅速达成作战目的。

这个阶段，将实现全域多维作战要素的多层次智能化管控，形成陆、海、空、天、网、电以及认知空间的多种作战力量与作战要素的快速联动组织，深度协同。在智能化科技加速发展的刺激驱动下，这个阶段的到来将不再遥远。

第三节　智能化战争的变与不变

以人工智能为代表的颠覆性技术群的发展取得了突破性进展，并加速向军事领域转移，对战争形态产生冲击甚至颠覆性影响，智能化战争呼之欲出。我们需要理性审视智能化战争，充分认清智能化战争的"变"与"不变"，以此作为探寻智能化战争制胜之道的重要支点。

一、智能化战争的"六个变化"

（一）作战维度更趋泛化

战争形态随着人类社会形态的发展进步而不断呈现由简单到复杂、由单一到多样的演进趋势，相继历经冷兵器战争向热兵器战争、机械化战争、信息化战争等形态的依次转变。当前，随着以人工智能、大数据、脑科学、神经科学、生物基因、新能源技术为代表的颠覆性技术的加速发展，从科技创新到物质生产，再到战争实践的演进链条被全面打通，利用人工智能技术能够全时、全域对作战中全部力量的各种行动信息进行实时收集、实时计算、实时推送，使人类能够突破思维的逻辑极限、感官的生理极限和存在的物理极限，人类军事对抗的疆域势必从自然空间、技术空间、社会空间到认知空间，形成物理域、信息域、认知域三大作战维度，战争边界向深地、深海、深空、深网、深脑领域延伸，呈现出极深、极远、极微、极智与无人、无形、无声、无边的特点，战争形态正加速由信息化向智能化转变，即由"数字化+网络化"的初级阶段，向"智能化+类人化"的高级阶段加速演进。智能化战争将泛化对抗争夺，军事与非军事领域一体化特征更加明显，作战领域极限拓展，平时与战时边界日趋模糊、前沿与后方界限不再分明。智能渗透到未来战争全要素全过程中，将重绘战争边界，将逐步颠覆传统的战场和战线。

（二）作战力量多元复杂

作战力量是战斗员、武器装备以及作战方式构成的力量体系的整体描述。它代表着军事技术和作战方式的发展趋势，本质上是先进军事技术与新型作战思想结合的产物。随着智能化技术的高速发展，智能化水平不断提升，作战平台（系统）不仅能够被动、机械地执行指挥员的指令，而且能够在深度理解和深度预测的基础上，通过机器本身擅长的算、存、查、比等进行超级拓展和放大，从而在一定意义上能够自主、能动地执行特定任务。可以说，作战平台（系统）也可以在某种程度上主动地发挥出参战人员的意识作用，甚至可根据特定程序自主地、创造性地完成作战任务。智能技术能改变最基础的作战要素，作战力量组成也发生结构性变化。参战人员逐渐退出对抗一线，智能化装备将大量、成建制地走上战场，传统意义上"人对人"的战争，将逐步演变为"机器对人"或"机器对决"的更加复杂多元的形态。人与武器装备的区别变得模糊，甚至难以区分是人在发挥作用，还是机器在发挥作用，人与智能化武器装备将成为伙伴关系。智能化武器装备正逐渐成为战场主角，在群体智能技术的支撑下，各智能作战单元能够根据不同作战任务需求和战场态势变化，通过泛在网络，随遇接入，自主适应，弹性编组，动态调整，组成人机混合或自主无人作战集群，具备多样化作战能力，实施群体自主协同作战，人在作战中更多的是充当"计划员""管理员""指挥员"的角色。一些新型作战力量从分散化、配属化的组织形态向增加比重、融合成军、独立成军方向发展，军事力量体系将发生革命性重塑。美国空军 2007 年就组建了全球第一支无人机作战部队，美国陆军正逐步以机器人和无人平台取代士兵，使旅级战斗队的人数压减四分之一。

（三）作战形式颠覆传统

信息化战争具有信息战、精确战、网络战等典型作战样式，随着人工智能技术的加持，战争越来越呈现出自主化、无人化、低成本、灵巧式、高超速等特征。智能化战争在大数据、超级计算、智能通信、脑科学等新理论、新技术推动下，将以意想不到的新方式和无所不能的新面貌，颠覆人们固有的认知。利用自主集群的低成本、大规模、高分散、自适应等特点，实施分散作战、饱和攻击、协同防御，使敌防不住、攻不下。利用自主武器能休眠、长待机、可激活等特性，在敌开进地域、重要航路、核心设施、关键设备、要害部位、重要系统等提前预置，先期设伏，休眠待机，适时激活，猝然发起突击，令敌难以防范。利用自主装备打击力、机动性、隐蔽性强等特点，实施大范围、长距离跨域机动作战，让敌无处藏身。未来智能化战争中，单独采取自主集群消耗战、自主潜伏突袭战、自主跨域机动战、自主认知控制战中的某一种作战样式并非没有可能，但四种基本样式交叉混合运用、针对作战全要素全系统的自主并行作战将成为常态。因此，智能化战争是人机智能一体的作战，是从武器平台、指控体系、作战终端、战场环境等全方位、全领域进行升级、换代、重塑的战争形态，呈现出人机协同、智能主导、云脑作战、全域对抗的特征。

（四）作战规则发生变革

信息化战争中，制信息权是战争综合制权的核心，制胜关键就在于夺取制信息权，主要表现形式是"网络中心战"。人工智能技术进入战争领域后，战场争夺的焦点逐渐由"信息优势"向"智能优势"转移，制胜的关键开始向夺取制智能权转变，主要表现形式可能就是"决策中心战"⊖。尽管战争历来都是"智"的比拼，但智能化战争中，"智"

⊖ 美国知名智库战略与预算评估中心于2019年12月发布的《重夺制海：美国海军水面舰队向决策中心战转型》报告，提出"决策中心战"概念，试图利用人工智能和自主技术改变作战形态，通过分布部署实现多样化战术，在保障自身战术"选择优势"的同时，向敌方施加高度复杂的干扰其决策的能力，在"认知域"这个新的维度实现对敌颠覆性优势。

的权重较以往战争更大的部分智能"移植"到了武器上，人与武器系统结合越来越紧密，并趋于高度一体化。随着人工智能技术能够全时、全域、全维对作战力量的各种行动进行动态感知、推理决策、评估预测，作战样式由"体系作战"向"开源作战"演进，跨域非常规、非对称较量成为博弈新常态，战争进入"系统自主对抗、察打行动秒杀立决"的阶段，以无人作战为突出标志的作战样式重新改写交战规则，重塑保障流程。制智权成为作战重心，作战行动在有形和无形战场全域展开，战场全息透明，消灭敌人、保存自己的战争基本目标也随着颠覆性技术的发展表现为从"基于毁伤"转变为"基于失能"。战争行动中，作战双方将围绕智能化感知、智能化认知、智能化决策、智能化行动等环节，展开激烈对抗，争夺认知速度和智能优势。占据智能优势的一方，将在战争中取得压倒性优势。而失去智能优势的一方将极其被动，即使具备传统的能量优势和信息优势，也会因为人机协同失调、自主决策失灵、组织指挥失控、智能装备失能、作战行动失序，导致整体作战效能大幅降低。战争杀伤机理由化学能、动能转变为定向能、生物能、智慧能，传统的暴力行动将向隐打击、软杀伤、控意识等方式演变，无声、无形、无人"三无"杀伤成为主流。凭借己方的信息优势和决策优势，在去中心化的战场中，通过切断和迟滞对手的信息与决策回路，瘫敌作战体系，达成物理上摧毁敌人与心理上控制敌人之效。

（五）作战指挥不断演进

智能化战争中，人工智能深度介入指挥决策全流程，实现人机一体、智能决策，共同应对战争的复杂性和不确定性。一是指挥决策从计算机辅助式变为人机融合的"指挥大脑"模式。智能化战争不是作战效能的逐步释放和作战效果的线性叠加，而是自适应性、自组织性、非线性、涌现性等各种系统效应的融合。战场态势高度复杂、瞬息万变，作战对抗异常激烈，多种信息交汇形成海量数据，仅凭人脑难以快速、准确处理如此海量复杂的数据，只有实现"人脑 + 智能化系统"的协作运行方式，基于远端云、数据库、物联网等智能化技术群，指挥员才能应对瞬息万变的战场，完成指挥任务。二是指挥体制从固定层级模式变为柔性集成模式。未来指挥体制将发生重大变化，各种作战力量将会根据具体任务使命动态联合，其指挥机构集成为虚拟的"指挥大脑"与"智能云"，整个作战过程中，各作战力量将具有高度自主性，自协同高效地完成作战任务，智能化作战指挥体制具有高度弹性的去中心化结构，传统严格层级的指挥体制将会被打破。各作战单元实现动态自适应式指挥控制协同，指挥控制效能将会极大提高。三是加剧了指控对抗的烈度。智能化战争中，人工智能技术优势意味着指挥决策优势，指挥决策优势将决定行动优势和战争胜势。因此，围绕智能化指挥决策展开的高强度对抗，必将贯彻战争活动始终，"指挥控制战"成为一种作战样式。

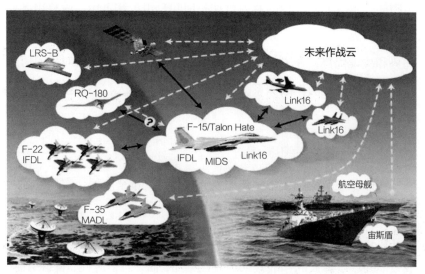

美军战斗云概念图

（六）军民之间深度融合

战争是一个由多种因素构成的极其复杂的系统，交战规则涉及战争性质、目的、主体、手段、时空条件，以及战争形态、战争行动、战争指导等诸多方面的因素。机械化战争形态，军种分立、自我发展，军兵种界限、兵民界限分明；信息化战争形态，各军种打破原有界限，向其他战场延伸拓展，结束了陆军、海军、空军分别垄断陆战、海战和空战格局，军民界限逐渐被军民融合取代。智能化战争形态的编成模式将告别按作战空间划分的"陆、海、空"军种结构，向按作战主体划分的"有人、无人"军事力量结构发展，军种特性进一步弱化，军种一体化程度进一步加深；同时，泛在认知域作战将助推无界化战场趋势，军民日渐趋同，越来越多"不穿军装的战士"执行军事任务，对传统编成模式带来根本性影响，军队结构可能将由军人、平民、机器人、身体增强人等更加复杂的集合体构成，军与民将不再会有明显的界限。

二、智能化战争的"六个不变"

（一）战争本质属性没有变

战争本身就是政治性质的行动，从古以来没有不带政治性的战争。战争作为一种特定的复杂社会现象，尽管在不同的历史时期会呈现出不同的战争形态，但战争仍然是两个实体或者团体之间，运用其资源展开的意志对抗。智能化战争颠覆了传统的作战样式、作战手段，武器装备的打击范围拓展到人类的认知空间和边际空间，战场空间从传统物理空间拓展到认知和网络等无形空间，能够更直观地表达"意志强加于对手"的特点，更加强调在战略、战役、战术各个层面夺取敌对国家的意志、对手组织的观念、参战人员的心理与思维等主导权，攻心夺志的制胜作用更加凸显。政治移植、信仰打击、精神控制、心理瓦解、观念渗透、文化侵袭等攻心夺志手段也更加多元，围绕战争展开的政治斗争更加复杂多变，民心向背、社会舆论、公众心理对战争的制约力更加显著，"颜色革命""粉丝战"可以起到以往使用军事力量才能达成的作战效果。但可以看出，智能化战争是人工智能时代政治斗争的最高形式，军事归根到底是政治的延续，军事上的胜利必须服务保证政治的需要，或者本身通过政治斗争保障政治的胜利。

（二）战争产生根源没有变

战争根源于私有制和阶级斗争，政治是孕育战争的母体，对抗性的经济利益冲突是战争的根源。冷战结束后，引发战争和冲突的直接诱因纷繁复杂，但其祸根依然是霸权主义国家的霸权主义政策。人类进入信息化时代以来，和以往赤裸裸靠武力争夺殖民地、划分势力范围的方式不同，当代霸权主义主要通过垄断国际政治经济规则的制定权，维护不公正、不合理的国际政治经济秩序来攫取全球财富。综观近几场局部战争，有的是霸权主义为维护其全球霸权或地区霸权而直接发动的战争；有的在直接动因上虽然表现为民族矛盾、宗教纠纷、领土争端等，但都有着深刻的霸权主义背景，发动战争往往成为霸权主义国家推行其强权政策的工具，是其霸权战略链条上的一个重要环节；新出现的恐怖主义，则是在霸权主义土壤上繁殖出来的战争怪胎。当代国际社会正进入加速演变和深度调整的时期，国际竞争的"丛林法则"并没有改变，世界仍很不太平，战争的达摩克利斯之剑依然悬在人类头上，霸权主义、强权政治仍然是当代战争的主要根源，非战争、亚战争形态的军事斗争将是军事领域的惯常形式，局部战争也是可能发生的。

（三）战争基本规律没有变

强胜弱败、优胜劣汰是战争对抗的客观规律。创造作战优势是战争的不变追求。在决定时机和决定地点拥有压倒优势，是取得军事胜利的规律。历史上以弱胜强、以劣胜优的战例，也是对这一规律的创造性运用。尊重、遵循客观规律，按照客观规律尽可能地强化己方实力，营造聚弱成强的态势，造成整体弱势条件下的局部优势，通过累积局部优势达成整体上的优劣转换，最终取得整体上的优势和胜利。在智能化战场，各类作战人员、装备、设施、环境要素在智能化战场态势支撑下，形成巨型、复杂的自适应对抗体系，"云聚"成为新的作战力量凝聚机理，统一的聚能平台成为谋求全维优势的基础，智能优势成为决胜性优势。未来战争集中兵力的思想将在智能技术的推动下螺旋式上升，跨域非对称优势在智能化战争中将更有战略意义和决胜作用。提前设计战争、超前筹划战争，基于敌情我情塑造非对称优势，加紧在重要领域形成聚集优势，加强战略制衡力量建设，全面提升国家应对各类威胁风险的能力，成为智能化战争胜兵先胜而后求战的必然。战争准备更加充分、战争谋略更胜一筹、战争组织更加有力、力量运用更加得当的军队，才能取得最后的胜利。

（四）战略指导原则没有变

战争具有规律性，战争规律是客观的。战争指导规律是对战争规律的主观反映和综合应用，在一定客观物质基础上，充分发挥主观能动性，实行正确的战争指导，是把胜利可能变为胜利现实的关键。"善战者，致人而不致于人"，古今中外，概莫能外。力争主动、力避被动，不被敌人牵着鼻子走，并尽一切努力迫使敌人失去主动、居于被动，始终是战争双方博弈的焦点。智能化战争时空特性将发生重大变化，各种作战行动可以全天候、全天时、多方向并行发起，战争中的"秒杀"现象更加突出，但作战力量瘫敌体系的作用点没有变，追求和创造作战优势的本质没有变，掌握战争主动权、扬我之长、击敌之短的战争指导法则没有变。未来战场将成为大面积"无人之境"，要夺取战争主动权，必须采取突然、多维融合的行动，在进攻与防御之间实现敏捷、弹性的态势转换，进攻与防御优势将会超越过去的相对静态，进入不断演化的动态反转，因此未来战争的艺术就是检验作战双方在持续不断的突发状态中是否具备耐力和有序性，取决于作战体系和战争支撑体系的先进性。要想掌握战争主动权，不仅需要拥有强大的军事实力，而且还要掌握高超的谋略艺术。

（五）战略武器威慑作用没有变

人类战争发展史一再清楚地表明，军队始终是时代最高科技的集合体，谁夺取了科技优势，出其不意地首先使用某一高新武器装备或某一新型作战力量，就易获得作战上的显著优势或者先发优势。高新武器装备是军队现代化的重要标志，是军事斗争准备的重要基础，是国家安全和民族复兴的重要支撑，是政治战略博弈的重要砝码。智能化战争中，传统战略武器（如核武器等）因其巨大可靠的摧毁能力继续成为有关国家实施战略威慑的王牌，具有不可替代的地位、作用。而基于新概念、新机理、新技术而产生的战略武器，具有新质作战能力，如智能化无人作战装备数量爆发式增长、体系日趋完备、效能更加突出，人可以远距离、超维度、非接触、无预警实施作战行动。随着互联网、物联网的深度发展，网络成为现代社会和战场的基础支撑，同时网络武器的巨大破坏力威慑力也日益凸显，网络武器的破坏力将更加巨大。这些新质战略武器将进一步强化战略武器的战略威慑和实战威慑作用。

（六）战略体系支撑作用没有变

战争力量作为一种力量体系概念，由物质和精神力量共同组成。战争力量不是单一因素起作用，也不是各种因素的简单相加，而是相互联系、促进、制约形成的整体能力。现今，随着政治、经济、文化、军事等因素互相交融、互相影响趋势愈发明显，国家竞争是一体化国家战略体系和能力的综合比拼。所谓一体化国家战略体系和能力，是指运用国家资源达成国家战略目标的体系和能力，是国家经济能力、军事能力、科技能力、组织动员能力、制度变革能力、战略谋划能力以及民族凝聚力等的有机融合，是国家战略意愿和战略能力的统一，综合表现为一种国家资源转化能力和战略谋划能力，集中体现为先进的一体化、多能化慑战能力。智能化条件下的国家对抗，谁能够最大限度地实现国家整体实力的系统整合，谁就能够赢得对抗优势。国家地位的确定、国家利益的获取乃至战争的胜利，往往取决于一体化国家战略体系和能力的强弱。从某种程度上说，战争的胜利是国家意志、国家资源、国家凝聚力、动员转化能力等高度融合的胜利、国家战略能力的胜利。

第二章
智能化战争制胜机理

我们如仍继续再用 20 世纪的规则来解决
21 世纪的武装冲突，这种行为无异于冒险。

——约翰·里德

战争制胜机理，是指为赢得战争胜利，战争诸要素发挥作用的方式及其相关联系、相互作用的规律和原理。智能化战争的制胜机理，是指制胜智能化战争遵循的基本原理，这一原理以人工智能的革命性发展和广泛运用为前提，与跨域联合作战实践要求相适应。机械化战争是平台中心战，核心是"动"，主导力量是火力和机动力，追求平台载能、释能；信息化战争是网络中心战，核心是"联"，主导力量是信息力，追求网络聚能、释能；智能化战争是认知中心战，核心是"算"，主导力量是智力，追求的是以智驭能、制能，其制胜机理突出表现为"算""融""快""智"四个字上。

第一节 "精压粗"，以算制胜

以算制胜，是智能化战争制胜的核心。智能化战争的"算"，主要指"算法"，它既是对大数据资源处理、挖掘的基础，也是人工智能、机器学习和深度学习得以实现的前提，算法以算力、数据为支撑，算法越先进，体现出来的智能化水平就越高，在夺取"制智权"上就更具优势。可以说智能化战争不是打钢铁、拼火力，而是斗芯片、争"算法"。

一、算法奠定智能优势

算法优势主导信息优势、认知优势、决策优势和行动优势，是奠定智能优势的关键和前提。

（一）算法是智能化战争交互实施的基础

一是"算法定义策略机制"。"算法"实际上就是解题方案准确而完整的描述，是一系列解决问题的清晰指令，算法代表着用系统数学的方法描述解决问题的策略机制。"算法"定义科学、紧贴实战，将有效提升作战效能。美军研发的"分析笔记本"软件系统，将"斩首"目标现身时间、地点等相关数据输入后，使用"大数据关联算法"能够直接研判目标活动规律、关系网络，锁定活动区域，扎卡维就是被此软件锁定在巴格达郊外，最终被美军一击绝杀。二是"算法赋能作战平台"。未来武器平台研发的核心就是算法研发，武器换代就是算法升级，切换或加装新的智能软件成为武器系统功能转换的关键。现代无人机的颠覆性变换最具代表性，在智能算法的驱动下，与其说无人机是无人驾驶的飞行器，不如说无人机就是可在空中飞行的智能计算机，或者说是多功能空中智能无人平台。三是"算法孕育作战样式"。智能算法的改进或者新算法的出现，赋予陆、海、空、天各领域传统武器以新能力，或者孕育了全新智能化武器系统、新的作战样式。2017 年，美国国防部宣布成立"算法战跨职能小组"，为战争算法的大规模研发和应用奠定了基础，其实际就是将算法运用于战争领域，通过挖掘人工智能算法在态势感知、情报分析、指挥决策、打击行动等方面的巨大潜力，用算法方式破解战争攻防问题，从而达到战争中制胜的目的。

美军特种部队宽带软件无线电

（二）算法是主导智能化战争优势的关键

一是算法优势主导认知优势。战场海量数据通过高性能、高效率的算法进行处理后，可快速转换为有用的情报，占得先机。因此，占有算法优势的一方，能驱散因数据得不到及时处理而产生的"战场迷雾"，使"答案先于问题""能力先于需求"，产生改变游戏规则的颠覆性能力。美军算法战跨职能小组，借助人工智能算法研制快速处理数据的软件，通过对目标的高效侦察、分类和预警计算，收集提供高质量、高时效性的情报，并推进与情报领域相关的机器学习、视觉算法等先进算法的研究，辅助军事决策，有效提升作战效能。二是算法优势主导速度优势。量子算法相比于经典算法，实现了指数级的加速效果，一台30个量子比特的量子计算机的计算能力，和一台每秒万亿次浮点运算的经典计算机水平相当。据科学家估计，一台50个量子比特的量子计算机，在处理一些特定问题时，计算速度将超越现有最强的超级计算机。2020年12月4日，中国科学技术大学潘建伟团队构建起76个光子的量子计算原型机"九章"，处理高斯玻色取样的速度比目前最快的超级计算机快一百万亿倍。三是算法优势主导决策优势。算法以其高速、精确的计算，代替人的"冥思苦想"和反复探索，从而加速知识迭代。掌握超强算法能够针对敌情变化快速提出灵活多样的作战方案与应对之策，不断打乱敌既定企图和部署。2016年，日本东京大学医学部在IBM"沃森"人工智能平台上导入2000多万篇医学论文，它在10分钟后就诊断出连医生也很难判断的特殊白血病，同时提出医疗方案，拯救了一位60多岁患者的生命。

我国量子计算机"九章"（新华社）

（三）算法是智能化战争效能跃升的核心

一是战争效率更高。在算法的支撑下，人工智能的反应速度是人类的成百上千倍。德国科学家实施的研究表明，在一项历时15年之久的试验中，运算完成速度提高了4300万倍，其中1000倍来自计算机处理器速度的提高，其余均来自软件算法效率的改进。二是战争耐力更强。算法基于机器，不受生理机能限制，可连续执行重复性、机械性任务。算得快且可以连续工作，自然产生更强大的战力。在各种智能算法支撑下，现在的无人机从原来必须依靠地面操纵杆远程操作，发展到根据鼠标键盘指令自主动作，包括起降、飞行、侦察、监视、情报甚至实施打击。三是战争结局更好。在海量数据和超算能力支持下，人工智能的判断和预测结果更加准确。美军寻找和捕杀本·拉登行动，有人和无人装备的组合运用就是一个成功的战例。

但也同时应看到，如果智能化武器装备算法的数理提炼与设计不够精细和精确，一方面可能导致作战中的武器装备系统瘫痪，失去作战能力，甚至转而攻击己方人员；另一方面敌方利用系统漏洞修改算法，使己方武器装备可能成为敌方的"杀人机器"。2007年，美军第三步兵师的3台"利剑"机器人，由于程序设计出现漏洞，导致执行任务时其中一台机器人完全失控，把枪口瞄准操作员，最终只能将其摧毁。

二、数据孕育智能算法

大数据时代，数据正演变为一种全新的战争资源。数据是生"智"的基础，如果数据拥有样本不大、颗粒度不高、质量不佳，就很难产生"高智"优势。从智能化作战体系的运行过程可以看出，感知、决策、行动、评估等每个环节的推进，都需要系统本身庞大的基础数据库和战场实时数据支撑，可以说是通过数据来驱动作战体系的运行。

（一）数据提升作战能力

"没有大数据，算法就是无法发育的胚胎""兵马未动，数据先行"。智能化战争中，谁掌握了数据，谁就掌握了取得战争胜利的资源，也就掌控了战争的主动权和胜利的筹码。认识和运用数据的能力，是衡量作战能力的重要指标，直接影响战争的胜负。获得数据、分析数据和运用数据既是衡量部队作战能力的标尺，也是提升部队战斗力的新引擎。数据是对客观世界最直接的记载，以数字形式出现的是原始资料，如武器装备的性能参数、兵力规模、保障数量、目标参量等，这些数据经过处理能够成为作战所需要的信息和情报。在数据引领的信息时代，数据已成为智能化战争的血液。

（二）数据催生新型战场

某种程度上讲，谁把控了数据资源，就把握了战争的"制胜空间"。数据改变了对战争的逻辑认知，过去是从个别推论整体、从小概率事件中推理必然性，而现在是从大概率中推导个别特征、从相关性中找出具体事物的内在规律。只有洞察相关数据才能把握全局，只有聚集同类数据才能把握趋势，只有融合全源数据才能洞悉关联。而这一切都归于对数据化战场的把控。美军通过多年发展，已经建设成了全球最先进的大数据处理中心，目前约有700万台计算设备，到2022年后，其数量将翻一倍，新一代大数据系统将其情报分析处理能力提高100倍以上。

（三）数据改变作战样式

数据作为最重要的战略资源，如何辨别数据的真假优劣，如何围绕海量数据开展争夺与反争夺、欺骗与反欺骗、攻击与反攻击，成为打赢智能化战争的关键问题。当数据成为战争争夺的焦点，必然带来围绕数据的竞赛和博弈，从而推动作战样式改变。目前，数据收集之争愈演愈烈，大国纷纷开展国防大数据项目研究，以便为军事决策提供更多具有实际价值的情报。以数据的"非对称"，形成算法的"非对称"，进而实现战法的"非对称"。阿富汗战争时，为彻底打掉一些恐怖分子，美军情报分析人员利用先进的大数据系统，把作战方案库中的数据与基地组织情况数据中的资金情况进行自主关联实时比对分析，指导美军先发制人，成功打掉目标。

（四）数据催生智能装备

数据技术使作战平台升级为高度智能化和自主化的系统，数据使指挥控制系统、空中作战平台、精确制导弹药等完成由信息化向智能化过渡。比如现代"蜂群技术"就是大数据支撑下的人工智能运用。数据已经成为解析战争的"望远镜""显微镜""透视镜"，打赢智能化战争必须具备数据头脑、数据意识、数据思维。百度地图对全景图像识别准确率高达95%的背后，实际上是多达7亿余张全景照片不间断训练的结果。

三、算力保障算法实现

智能化作战，运用"数据＋算法"实现作战的高度自主化，同时需要加上机器的高速计算能力，这样就可在作战对抗中通过更多环节的智能自主处理得出科学的决策方案，提升体系反应速度，进而高效调控相应的作战行动，获取相对优势，取得胜利。

（一）强大算力是支撑

算法是生"智"的核心，算力是产"智"的平台。智能化战争中，信息将呈现指数级暴涨，只有以强大的算力做保证，才能把算法和信息用于作战流程，努力使强大的计算能力在智能化战争中发挥"倍增器"的作用。2016年6月，美国辛辛那提大学研制的人工智能飞行员

"阿尔法"，通过大量自我学习，在模拟空战中多次击落美国顶级飞行员驾驶的战机。"阿尔法"之所以能战胜人类优秀飞行员，主要是因为快速计算、准确重复的反应能力。机器反应时间只需要1毫秒，而人类通常要400~500毫秒，极优秀飞行员才能达到250毫秒。近年来，量子计算机的高速发展，为智能化战争奠定了"算法"基础。从理论上讲，一个250量子比特（由250个原子构成）的存储器，可能存储的数达2的250次方，比现有已知的宇宙中全部原子数目还要多。在具体算法上，量子计算更是具有超越性。如科学家们提出的"量子搜寻算法"，计算速度是目前最快计算机的亿万倍。若破译现有密码体系，经典计算需要运算1000年，而量子计算机只需不到4分钟。

（二）大数据计算是关键

作战决策是否科学可行，受诸多因素影响。智能化作战系统高度智能优化决策的结果，来源于背后的大数据计算。在确定算法模型的基础上，计算的结果是否符合现实实际，除了数据要达到一定的量之外，其精确性至关重要。只有提取到真实的装备性能、战例、演训等数据，才能确保计算的依据可靠，否则无法得出正确的结果。最有代表性的大数据和算力组合应用是美军的"棱镜计划"，其起源于2004年的绝密监控项目"星风"，包括"主干道""码头""核子""棱镜"4个计划。"主干道"负责电话监听，"码头"负责互联网监视，它们不直接监听内容，主要负责监听"谁跟谁通话""谁跟谁发过邮件"，就是所谓的"元数据"，即关于数据的数据的意思。"核子"主要分析其中的敏感词，"棱镜"负责对互联网信息进行分析。这四个计划相互辅助，帮助美国监控全世界，美国防部评估，它们使其"情报效能提升上百倍"。

年份	国家、组织	事项
2013 年	英国	建立了量子计算研究所。
2014 年	英国	制定 5 年量子技术计划，每年投入 2.7 亿英镑支持量子技术产学研发展。
2015 年	英国	发布《英国量子技术路线图》，将量子技术上升为影响未来国家创新力和国际竞争力的重要战略。
2015 年	荷兰	制定 10 年期量子计算发展计划。
2016 年	欧盟	发布《量子宣言（草案）》，明确了发展重点。
2016 年	英国	制定量子技术劳动力培训计划，加强人才支撑。
2016 年	德国	宣布 QUTEGA 计划，将投资 6.5 亿欧元。
2017 年	英国	发布《量子技术：时代机会》，提出建立一个政府、产业、学界之间的量子技术共同体。
2018 年	欧盟	启动"量子技术旗舰计划"，将从基础研究到工业化，为整个欧洲量子价值链提供资助。

数据来源：赛迪智库，2019 年 7 月

（三）人机交互是核心

"人在环上"这个层次的智能化作战，许多环节主要采取自主的方式完成，但人的智慧依然发挥着关键作用。系统自主运行过程中，人可发挥自身的创造性、灵活性和主动性优势，根据自己的经验、智慧进一步修正优化计算结果，各个环节行动执行需要指挥员授权。同时，作战体系中数据库的建设、算法模型的构建、软件系统的研发维护等都是由人来完成。美国帕兰提亚公司，由一个学哲学的博士阿莱克斯·卡普创立，他们从零开始，开发出了一个复杂的搜索工具，可以从原本各自分属不同情报机构的数据库海量信息中，自动找出恐怖分子的关系网。美国几乎所有的情报和军事机构都在用他们的产品，西点军校的分析师使用他们的软件，绘制出叙利亚自杀性袭击网络的关系图。在阿富汗，美国特种部队利用帕兰提亚的软件来策划袭击行动，在进入村庄前，系统会给出相应的地图，详细提出所有发生过枪

击冲突和土制炸弹爆炸的地方，然后再判断出哪里最有可能被伏击。根据这些信息，特种部队就可以轻松地占领这个村子。这些都需要强大的算力、庞大的数据、精巧的算法作为支撑。总之，以算制胜，以精压粗是智能化战争重要的制胜秘诀之一。

第二节　"快打慢"，以快制胜

以快制胜，是智能化战争制胜的关键。信息化时代，就有人提出"过去的战争哲学是大吃小，现在的战争哲学是快吃慢"。而智能化战争中的时间异值现象更加显著，智能化战争的快与信息化战争的快已不在一个数量级，反应慢就会陷入万劫不复的深渊。信息化战争通过加快信息的传输速度，实现信息优势，达成决策优势和行动优势。而智能化战争的快，是信息传输速度、决策速度和行动速度同步加快，OODA 循环全程加速，从而极大地提高了智能化作战体系的时间利用效率和战场反应速度，战争将进入"毫秒杀""微秒杀""纳秒杀""皮秒杀"⊖。

一、观察环，全维快速感知

曾负责协助指挥并协调美军全球范围内高空无人机作战的作战处长唐斯说过："我们不断在战争最变幻莫测的环节取得令人难以置信的进展，我们面临的最大的挑战不再是摧毁目标，而是找到目标。"在智能化战争时代，可将以人工智能为代表的技术群应用于观察环，

⊖　1 皮秒等于一万亿分之一（即 10 的 12 次方分之一）秒。

嵌入到观测装备，基于空中卫星、无人机、网侦、雷达等庞大的无人值守平台，基于任务自适应、自协同侦察感知战场，构建透明可见的数字化作战环境，获取巨量情报信息，并通过目标自动识别、语音翻译合成、多谱信息融合、机器深度学习等技术进行信息融合、处理、分析，通过数据处理模型融合再生战场态势信息，精准判读、分析、比对、融合多元化、非标准化、异构化的语音、图像、文本、视频等情报信息数据，快速实时形成容量大、覆盖全、情况准的战场态势图，拨开战争迷雾，全维呈现战场态势。未来，随着边缘计算的兴起，传感器平台、武器装备平台，如智能化无人机、无人车、无人船，将具有更加强大的数据分析能力，所采集的庞大数据将由无人平台自主完成处理，而无须传输到后台数据与情报中心集中处理。OODA 循环将进一步压缩，单一作战平台将具备"察打一体，秒杀立决"的作战能力。

2015 年，美空军在阿拉斯加"北方利刃"演习中，遥控 90 架微型"蜂群"无人机抵近目标区域，实施分布式、自主式协同侦察，快速获取目标信息，精准评估了大规模轰炸效果，相较单一侦察平台作战效能倍增。美国密苏里大学利用人工智能技术和卫星地图数据，分析寻找防空导弹阵地，准确率达到 98.2%，比人工效率提高近 81 倍。

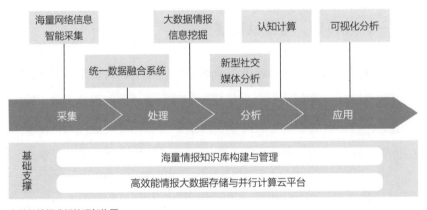

大数据情报分析处理架构图

二、判断环，情报高效处理

将智能技术应用于判断环，辅助指挥员定下决心，通过构建情报处理模型，嵌入指挥信息系统，智能分析研判战场态势，找准敌作战企图，预测战场态势发展。运用机器学习、神经网络等技术，从谋局布势、任务规则、战局掌控等方面学习运用战争规律，以机器智能拓展情报处理能力。大数据、机器学习等人工智能数据处理技术在海量数据的搜索、存储、计算、挖掘等方面有着人无法相比的优势，战场信息数据经数据处理和目标识别后，提供给指挥员，用于快速、准确地判断和预测战场态势及变化，大幅度提高情报处理效率。

美国布鲁金斯学会在研究报告《人工智能改变世界》中，就提出了"极速作战"的概念，认为在智能技术的支持下，赛博作战的快速行动，将从过去的"0 day"（零日）行动，发展为"0 sec"（零秒）行动。随着美军各类侦察卫星、雷达、电子侦察机，"捕食者""掠夺者"无人机，夜视仪、热成像仪、传感探测仪等情报、监视和侦察系统的大规模部署和应用，海量数据构成了最全面、直观的战场态势。为提升数据处理能力，美军展开多项研究，目前列装的第三代通用式地面分布系统就能以每分钟处理600万份战场情报的速度，将传感器所捕获的所有数据进行融合分析处理，破除"战场迷雾"，并把情报智能分发给各作战单元，阿富汗战争中已得到实战检验。2018年，美军利用谷歌公司成熟的智能算法工具，协助处理无人机对"伊斯兰国"极端组织目标侦察所获全动态视频数据，将全动态影像数据与其他感应器数据进行整合，形成特定环境下的行动性情报。

美军情报处理中心

三、决策环，指令自主生成

将智能技术应用于决策环，综合利用特征识别、虚拟现实、脑机对接等技术，分析识别作战力量在战场中的行动特征。通过穿戴智能设备，实现人与指挥系统、有无人平台等无缝链接，使多元作战力量能够在未知复杂战场环境下实现自主、适应、交互、智能决策控制。智能化战争的初级阶段以操控式无人平台对抗为主，以"人—机"协作为基本运行方式，指挥员与智能化指挥系统无缝链接实施智能化决策，大大压缩作战构想、任务分配、目标打击、毁伤评估的指挥周期，使得各类型作战力量完全自适应协同一致行动。美军传统空中行动作战规划，每次需要 40~50 人花费 12 小时才能完成；而采用自主性智能规划系统，现在要求必须在 1 小时之内完成。对战役规划进行评估，美军则要求在 6 分钟内完成。

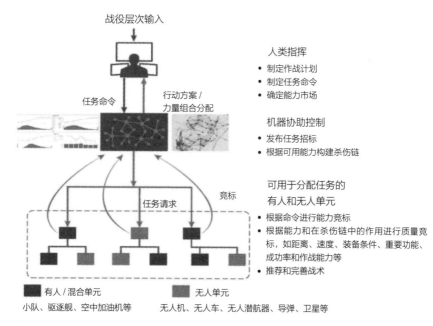

战役层次输入

人类指挥
- 制定作战计划
- 制定任务命令
- 确定能力市场

任务命令　　行动方案 / 力量组合分配

机器协助控制
- 发布任务招标
- 根据可用能力构建杀伤链

任务请求　　竞标

可用于分配任务的
有人和无人单元
- 根据命令进行能力竞标
- 根据能力和在杀伤链中的作用进行质量竞标，如距离、速度、装备条件、重要功能、成功率和作战能力等
- 推荐和完善战术

■ 有人 / 混合单元　　■ 无人单元

小队、驱逐舰、空中加油机等　　无人机、无人车、无人潜航器、导弹、卫星等

情景处理指挥、控制和通信模式示例

　　早在2007年，美国防部就启动了关于指挥控制系统的研发计划——"深绿"，将人工智能技术引入陆军C4ISR系统的辅助决策模块，为陆军旅、营级指挥官提供自动化作战指挥与决策支持，将制定作战计划时间压缩至原时长的75%。"深绿"系统由三部分构成：一是智能化的人机接口，输入计划草图，输出决策草图；二是分析引擎模块，模拟指挥官的决策计划，预判各种可能的结果；三是决策总控模块，收集各种计划方案、更新战场当前态势、控制快速模拟、对未来作战方案选项排序，实现对未来可能态势的生成、评估和监视，并根据战场实际情况，不断调整方案计划。美国空军也开发了多域指控和控制系统，这是继美军发布多域战概念以来，人工智能在指控平台上的新尝试，该系统至今已历经4次演习检验。

四、行动环，战力高效释放

将智能技术应用于行动环，借助强大的计算能力和智能算法，提高智能化武器装备的打击精度。"＋智能"作为武器装备现代化的关键，研发和装备智能化武器都备受关注，其中无人机、机器人的发展和实战应用最为引人瞩目，俄军的扫雷型无人战车作战效能相当于20个工兵，美军的攻击型无人机可精准摧毁各类坚固目标。2014年至今，美军在伊拉克和叙利亚打击"伊斯兰国"极端分子，共发动3800余次空袭，其中875次由无人机担负，占到23%。美军装备的"阿法兹"高级野战炮兵战术数据系统，能对所有地面、空中和海上火力支援武器实现自动化规划与控制，最大限度地缩短了"传感器到射手"的反应时间，加快了打击节奏。美军试验证明，士兵遥控无人机有2秒操控延迟，而无人机自动反应时间仅0.001~0.006秒，美军智能空战系统调整空中格斗战术的速度是人类的260倍。

在行动实施的同时，自主完成多手段行动效果评估信息的采集汇聚、分级分类，进行基于大数据的分析比对，精准获得即时行动效果，依据效果果断结束行动或再次进入下一个OODA循环。利比亚战争中，卡扎菲的车队从苏尔特城内出来后，被美军侦察卫星发现，图像回传至9600千米外的内华达空军基地，其中五人时间敏感小组立即判断是卡扎菲的车队，迅速通过卫星通信通知北约指挥部，调集附近的"捕者食"无人机进行攻击。由于携带的弹药只有两枚，因此，同时调动法国的"阵风"战斗机加入了攻击行动。卡扎菲的车队被轰炸打乱后，卡扎菲从车内爬出，美军通过卫星迅速通知地面部队的作战指挥协调员，也就是美军特种部队队员，告诉反政府武装去抓扎卡菲。卡扎菲被抓，最后在混乱之中被乱枪击毙。卡扎菲从发现到被攻击不到30分钟，直至被击毙总共不到1小时，可以看到美军"发现即摧毁""速决制胜"的绝对优势。

事实上，人工智能技术已经嵌入OODA循环的全过程。美军"皮特"（PETE）⊖系统的虚拟助手，不仅能为指挥官搜集和整理信息，还会执行命令，甚至与其他指挥官搜集和整理信息，组成一个"皮特"网络，人类指挥官和"皮特"分工负责"观察—判断—决策—打击"周期的各个环节，各自专注自己最擅长的部分。"皮特"可能会负责"观察"环节中90%的工作（搜集信息）和"判断"环节中70%的工作（研究情报信息），也许还要参与"决策"环节中30%的工作以及"打击（行动）"环节中50%的工作（下达命令）。

联合作战典型 OODA 循环时间

序号	历次战争	OODA 循环时间
1	海湾战争	3 天
2	科索沃战争	120 分钟
3	阿富汗战争	19 分钟
4	伊拉克战争	10 分钟
5	利比亚战争	5 分钟
6	叙利亚内战	近实时

第三节 "聚胜散"，以融制胜

以融制胜，是智能化战争制胜的基础。根据梅特卡夫效应，在智能化作战系统的节点数量确定的情况下，节点之间自主组合融合度更高，功能耦合度更好，结构涌现力就更强，整体作战效能将呈指数型

⊖ PETE，"Professional,Educated,Trained,Empowered"的首字母缩写，意为"专业性强、受过训练和培养、受权辅助决策"。

增长。多域融合是以作战体系的云态化为基础，各类作战人员、武器装备、设施设备、环境要素在云态化的战场态势支撑下，战场空间从传统的三维空间，向极地、缝隙、深海、太空和网电空间，乃至认知域、信息域等多维域拓展，多域融合形成巨型复杂的自适应对抗体系，"云聚""网聚"融合成为智能化作战新机理。

一、跨域融合

智能化战争条件下，多种新型远战无人平台、智能化新概念武器装备大量涌现，使新时期战争面貌呈现出物理域、信息域、认知域多域融为一体，全球全域即时性打击、跨域跨维战略慑控等特点。以跨维域、分布式、网络化的"云杀伤"协同作战系统为支撑，通过多种作战能力跨域联合聚合，实现指挥控制跨域贯通、情报信息跨域共享、交战武器跨域穿行、战斗行动跨域响应、作战功能跨域互补。跨域融合是主域主控与跨域支援的紧密配合，实施跨域联合协同支援。跨域融合、集成释能是联合作战由一体化联合作战过渡到跨域联合作战，实现多种作战能力的跨域聚合、整体释能。

美陆军训练与条令司令部在《美国陆军作战概念（2020—2040）：在复杂的世界中获胜》中提出，跨域作战是陆军作战的应有之义，陆军应该能够在联合军力作战中提供多种选择，集成同盟的战力，跨域作战。在"多域战"中，美陆军强调：过去以军种为界限划分作战域的模式已不可取，必须打破陆军和其他军种、地面和其他作战域之间的隔阂，使陆军能够依靠前沿战场态势感知能力、目标识别能力和精确打击能力，主动从地面向海、空、电、网以及认知等多个作战域投射力量，在多个作战域建立和保持对敌优势，从而在美陆军全域作战、跨域打击能力跃升的基础上，最终实现与其他军种高度融合，丰富和拓展各个军种的作战职责和生存空间，实现全空间域内火力和机动能力的同步协调与联动。

二、人机融合

如果说武器装备是人身体的延伸，人工智能则是人类大脑的延伸。智能化战争时代，将出现把人的智能赋予机器平台进而实施作战的模式，人将更进一步退出一线交战对抗和物理接触，人与武器结合方式将以崭新形态出现。作战武器与人类智能深度融合为有机共生体，把人的创造性、思想性和机器的精准性、快速性完美结合、融合，成为新的装备形态。在未来智能化战争中，交战方式将由"人机结合"的相互杀伤逐渐向"人机融合"的无人系统集群对抗方式演变。依托智能化作战系统，指挥员针对战场环境变化自适应调整选择行动方式，智能无人作战由单平台遥控作战向多平台集群自主方向发展，形成"人机协同指挥员—智能无人作战集群"的简易指挥链，彰显人机融合的快速灵活自主特征。

美军"与计算机交流"项目，旨在使机器理解人类语言、手势、表情等复杂信息，脑机接口将使人对武器的控制由"大脑—神经—手—武器"简化为"大脑—武器"，极大压缩操控反应时间。美国DARPA提出"阿凡达"计划，旨在通过"脑机接口"使士兵与半自主机器人配合形成搭档关系；提出"半人马"计划，探索先进的人机协作模式，通过将芯片植入人脑，实现人机互联，使"钢铁侠"真正在实战对抗中展现出来。据媒体报道，美国国防部高级研究计划局（DARPA）设立的"神经工程系统设计"项目，试图通过植入装置与士兵大脑中超过100万个神经元进行连接，将脑电波和电突触信号转换为可被计算机读取的二进制代码，用以实现对电子设备的控制。

三、机机融合

智能化作战，集群协同作战是战场的主要形态。无人机集群、无人车集群、突击车辆集群、武装单兵集群等，在作战任务的指导下，既有集群间的协同作战，又有集群内的自组织作战，在理解作战意图基础上，各作战单元同步做出决策、主动采取行动、动态调整任务，以适应战场复杂多变的环境，达到协同的灵活、自主、快捷，迅速聚合多元力量，形成倍增的作战效果。美军在研的地面无人攻击系统，由1台指挥车、3~5台无人攻击车、6~8架察打一体无人机组成，1名操作员即可完成控制。美国国防部高级研究计划局发布的"进攻性集群战术"第二个"集群冲刺"征询公告，要求集群由250个地面和空中等异构无人系统组成，集群规模根据作战需求可变化，数量变化不低于50%，系统构建基于新战术的行动方案不超过1分钟，部署新战术小于1分钟，促使无人集群交战对抗规模扩大，交战对抗进入"秒战"时代。

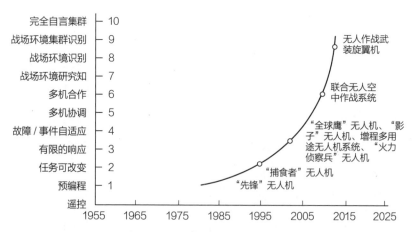

美国空军研究实验室无人系统自主性技术发展情况

四、脑智融合

脑智融合主要指在合理人机分工、高效人机交互的支撑下，充分发挥人脑与机器各自的优势，实现指挥艺术与技术的高度融合。智能化战争的作战体系，将表现为高度智能化的"人＋网络＋机器"，智能化指挥控制系统将以"人脑＋智能系统"的协作方式运行，智能系统将辅助甚至部分替代人在指挥控制中的作用。智能化指挥控制系统将具备比较强的自主指挥、自主控制能力，可相对独立自主地获取信息、判断态势、做出决策、处置情况。依托战场态势感知系统，借助大数据、云计算、人工智能和建模仿真技术，能够对海量战场信息进行精准分析研判，实现作战指挥由"以人的经验为中心"向"以数据和模型为中心"的智能化决策方式转变，作战筹划更加科学高效。未来深度神经网络的超强自我进化和战略决策能力，将实现"人在环外"的作战循环。2015年，美国空军研究实验室与IBM公司共同研发的低功耗神经形态芯片"True-North（真北）"，具有并行、分布式、模块化、可扩展、容忍失误、灵活等特点，集运算、通信、存储功能于一体，可用于深度学习与类脑计算，实现了智能层次的超级脑。

五、智心融合

随着人工智能技术的发展，未来智能化武器的生物化和人的武器化将界线模糊，针对人本身的控制将成为焦点，"攻心夺志"依然是智能化战争最高作战目的，基于以人脑和意识认知实施控制为目标的"认知控制战"可能演化为重要作战样式。以人的认知思维为目标，运用多种手段对认知体系施加刺激、影响和控制，达成扰乱敌指挥决策系统、诱导敌作战力量、瓦解敌军心士气的效果。如基于读脑、脑控技术，运用心智导控手段，实时掌握对方指挥员战略意图、作战企图、作战方法等，甚至直接作用于对方人员大脑，或将己方意识以脑电编码形式"注入"，干扰或控制其意识、思维和心理，最终夺取"制智权"，实现对作战人员的深度控制。随着智能化作战平台大量应用于战场，信息系统辅助人类将逐渐向智能系统部分代替人类转变。制权争夺的重心将由"信息权"转向"智能权"，以精兵点杀谋取关键维域控制权将成为主导方式。

第四节 "智克愚"，以智制胜

以智制胜是智能化战争制胜的根本。如果说智能化战争颠覆性变化和巨大作战效能是由人工智能技术所带来的，那么军队的智能化水平高低，根本上取决于人的"智造"水平和"智用"能力。

一、智能决策

随着智能辅助决策技术和"云端大脑""数字参谋""虚拟仓储"的出现，战争决策由单纯的人脑决策发展为人机混合决策、云脑智能决策和神经网络决策。

（一）人机混合决策

机器在擅长存储、计算、优化等技术性、快速性、重复性的活动外，能够突破人类生理极限、消除认知偏差，结合人类擅长推理、决策、指挥等艺术性、主动性、创造性，智能人机交互系统能够充分发挥人机互补优势，辅助筹划决策。人机交互是让机器能"听"懂人类语言、

"看"懂人类动作与表情、"理解"人的情绪和意图，把计算过程和结果用人容易理解的方式呈现出来。在以往战争中，指挥员主要通过文件、电台、电话，以文书或语音的形式，逐级下达指令指挥控制部队。智能化战争中，指挥员将用智能化类脑神经元，通过神经网络作战体系平台向作战部队下达指令，以减少指令表现形式的转换过程，缩短指令跨媒体的转换时间，指挥节奏更快、效率更高、表现更直接。例如，随着 VR、3D 影像技术的发展成熟，智能人机交互系统对战场态势信息深度学习、运算之后，可以立体 3D 影像的方式呈现给指挥员。马拉斯基断言："如果人和机器能以相互取长的方式综合在一起，未来计划系统可以得到改进。"人机协作（混合）决策实验提出，协作应该从决策过程的一开始就进行设计，并展示改进解决军事规划问题质量和速度的潜力。

遥控飞行器　　　　　　载人驾驶舱　　　　　　空间

网络战　　　　　　　　C2ISR　　　　　　　空中交通管制

自主系统将改变美国空军许多领域中的任务

（二）云脑智能决策

智能化战争，将有一个"远端云大脑"的隐喻中心，将分布式的智能作战单元通过"云大脑"链接起来。这个"远端云大脑"既是物理信息、生理信息、心理信息的中心，也是军事活动的指控中心。"远端云大脑"决策以智能"超级网、后台云、前台端"体系为依托。"超级网"是集智能化战场感知、指挥决策和武器控制系统于一体的智能型作战基础网络。"后台云"依"网"而建，以智能型资源服务层为主体，既是融合各类作战资源的"资源池"，也是为作战行动提供智能化服务的"智能云"。同时，这些"后台云"由于多中心的耦合，即使遭受信息轰炸也能快速组网和决策。"前台端"是指作战资源端或直接交战平台，作战流程上的分立智能和联网智能，既能自主决策，又能为战争体系提供分布式智能资源，使新的战争体系涌现出群体智能。

（三）神经网络决策

它是一种模仿动物神经网络行为特征，进行分布式并行信息处理的算法数学模型。这种网络依靠系统的复杂程度，通过调整内部大量节点之间相互连接的关系，从而达到处理信息、辅助决策的目的。神经网络以往主要用于战术级计算决策，难以对战略级宏观复杂态势做出定性分析和决策，但近年来随着人工智能技术的深度推进，先是阿尔法狗通过模拟人脑神经网络工作机制在围棋领域取得突破，随后各类系统快速"上马"，2016年，美国研发的阿尔法智能软件，反应速度比人类快250倍。尤其是通过构建作战模型规则，以精算、细算、深算和专家推理方式，可辅助指挥员在战略、战役、战术等多级筹划规划和临机处置中实现快速决策。2018年7月，俄罗斯研制的人工神经网络全自动软件，能做到"发现即摧毁"。未来深度神经网络的超强自我进化和战略决策能力，将实现"人在环外"的作战循环。

二、自主互动

简单地讲，自主性就是基于自动算法的无人系统自动完成任务的能力或特性，主要包括根据信息自我决策、自我管理、自我行动、自我评估。自主性与自动化有本质的区别，自动化是按照预定设定的流程、路线、方式行动，并在条件满足时触发下一个动作，状态变化仅限于设定的有限点，一切都是程式化运作。而自主性，则无须预先编程和设置，只需赋予任务，即可自行选定行动路线、自主识别目标，甚至随着智能算法的创新完善，自主与其他平台协同、自主选定攻防行动战术，以及自主择机攻击。在智能算法支持下，无人作战平台能感知、认知作战环境和态势，并根据作战环境变化随机应变，具有摆脱外界控制做出选择的能力。

（一）自主统筹作战需求

分布在广域空间的智能化作战单元，在完成战场态势智能认知的同时，将自动接收指控中心发送的作战任务和目标需求，精确判定目标位置、方向、大小、状态等要素。再根据预期作战任务，自主计算与匹配攻防目标所需的武器种类、制导方式、机动路线等参数。如果自身具备这些需求，智能化作战单元便自主匹配；如果自身不具备这些需求，则对外发送相应需求。

（二）自主作战信息利用

2019 年，美军启动的"金帐汗国"高优先级技术研发项目，设想作战控制人员将打击目标、交战规则等信息转化为程序数据，传输到具备"半自主"能力的空射武器。这些"半自主"武器被空中平台投射后，在飞行中依托先进的数据链实现联网，彼此之间、前后端之间实时交换战场态势信息，并根据"首选目标已被摧毁""出现高价值目标"等指示信息，依据交战规则自行选择目标实施打击，从而提升打击的灵活性和整体性作战效能。近几年来，美国陆军力推"多域战"这一新的作战概念。机器人和自主系统（RAS）被认为是实现多领域优势的一个关键技术，美国陆军发布第二版《机器人和自主系统战略》，阐述了未来30年的机器人和自主系统战略规划，明确指出机器人和自主系统必须同未来部队的组织及能力融合发展。

（三）自主释放作战效能

21世纪，尽管具有初级智能的武器展示出优异的战斗持久性、无畏艰险的坚决性，以及强大的机动突防潜力等特性，但无论哪一种，都是以自主性为基础，是自主性在不同条件下的外在表现。在联合作战体系支撑下，智能平台将可自动规避对方干扰和反制，在上级和友邻的支援下，灵活采取信火攻击、节点瘫痪等手段，直接攻击对方作战体系的重心和目标点，将体系作战效能精巧释放在作用点上，达成击要、毁点、破网、瘫体的作战效果。2017年11月在日内瓦举办的联合国特定常规武器公约会议上，一段不需要人类操控可以自主执行杀人任务的致命性自主武器系统"杀人蜂"的视频，引起了社会的轰动。"杀人蜂"在蜜蜂大小的机体上集成了外部感知、面部识别等一系列技术，可以自主寻找目标，躲避攻击，完成击杀任务，是人类赋予机器"做"与"想"的能力体现。

美军将"无人作战系统自主性标准"确定为10级，从低到高分别是：姿态控制、任务执行、任务调整、故障反应、临机决策、感知融合、系统协作、作战预测、任务协同、蜂群认知等。很显然，自主性水平越高，实现起来就代价越高、越困难。按照人的参与程度，也区分为人操作、人派遣、人监督、全自主4个等级。

自主性的 4 个等级（美军）

等级	名称	描述
1	人操作	人类操作员对一切做出决策。虽然系统可对感知数据进行信息性响应，但在所处环境中没有自主控制。
2	人派遣	当被派遣时，系统可独立于人员控制之外实现许多功能。这一等级包括自动控制、引擎控制，以及其他必须由人类输入指令激活与停止的低级别自动化，与人类操作互斥。
3	人监督	在得到人类的最高级别许可或指令时，系统能执行广泛的多样化任务。人和系统都能根据感知数据做出反应，但系统只能在其当前指派的任务范围内这么做。
4	全自主	系统接收人下达的目标，并将其转换为无须与人交互的可执行任务。虽然在紧急或目标变化情况下人仍可进入控制回路，但实际上在此之前就可能出现很长的时间延迟。

三、智能进化

进化是智能化战争和作战体系的一个鲜明特点，也是未来战略竞争的一个制高点。

（一）自学习

智能平台在战场比较透明、信息比较完备的情况下，通过大量仿真训练、作战实验和自我学习，这种自我博弈和进化的能力会迅速增长，在很多方面将比人脑有优势，如信息处理、目标识别、知识积累、快速性、重复性、准确性、自动化等专业技能，将逐渐超过指挥员和多数人的能力。在战场不够透明、信息不完备情况下，通过机器学习和智能设计，这种能力可在战前预测未来作战走向，在战斗中自适应调整和完善，最终实现自我进化。

2016 年，阿尔法狗在围棋网络上连续打败中日韩三国高手，取得60 连胜；2017 年，阿尔法狗再次与世界排名第一的柯洁对垒，结果3：0，柯洁大败。随后又出现阿尔法元，完全不使用人类棋谱，仅靠规则用三天就进化出能战胜自己老版本的系统，让人无比震惊。

据统计，一个棋手一年只能下 1000 多盘棋，阿尔法狗一天就能下 100 万盘，阿尔法狗里装有 15 万名职业棋手的棋谱、上百万名业余棋手的棋谱，并且自我对弈了 3000 万盘棋。其强大自学习能力、自进化能力，使其产生很强的适应性。而适应性造成了复杂性，复杂性自适应性又是智能演化最普遍的途径。

围棋机器人阿尔法狗与人对弈

（二）自成长

在自动化、自主化武器装备已有的探测距离、探测范围和反应速度、打击精度优势基础上，借助机器强大的计算能力和算法模型，智能自主武器装备还可能像人类新兵一样，"自我学习""跟随学习"，随着实战经验的积累，不断学习改进、高效整合这些优势和应对新情况的方法、模式，从而在战场上表现得更加出色，逐渐升级成长为身经百战的老兵。

（三）自创新

这是智能平台可怕的进化方向，但又是最具魅力的地方。单一作战智能无人平台可能创造出人类无法想到的战法、战术，赢得胜利；也可能产生新的交战模式，完全脱离人类的思维范围。如上文提到的阿尔法元的招法超出了超一流棋手的预料，甚至不用人类棋谱数据，通过增强学习算法，甚至在大数据中发现人类千百年来无法发现的规律和知识。阿尔法元证明它不是无限逼近人类智能，而是可能超出。

（四）自修复

智能化作战体系处于高强度的对抗和博弈之中，遭到不同形式的破坏和毁伤，属于正常的现象和状态。因此，体系必须具备一定的自修复能力，一旦某些能力缺乏或者不足，可以自动进行补位、替换和增强。例如一个蜂群进攻系统，其中几架飞机被击落，新的集群结构会快速自动形成并保持稳定，能持续保持作战的高压态势和连续进攻势头，个体飞机 AI 检查出故障，能够自动评估、修复和替换。装备 CANES 系统的福特级航母可以利用智能算法独立执行诊断、维护和其他例行任务，为每艘航母至少节约 900 人和近 40 亿美元的经费投入。

但正如法国思想家帕斯卡尔所言："人是一支有思想的芦苇，人的全部的尊严就在于思想。"人工智能技术虽然在速度、精度、抗疲劳等方面远超人类，但人类的创造性、灵活性、主动性是人工智能难以企及的。因此，对于人工智能技术带来的巨大作战效能，可以通过人类智慧的创造性发挥予以"抵消"。比如，可以通过隐藏数据、伪造数据、增大无用数据来降低数据质量；可以通过对敌高能运算平台的软硬攻击，延缓其运算效率；可以针对敌算法边界，超界限用兵来降低敌方算法的作战效果等，这些都是人类制衡人工智能的有效途径。所以，在智能化战争中，正确发挥人的主观能动性仍是制胜的根本。在战争制胜问题上，人仍然是决定因素，无论时代条件如何发展，战争形态如何演变，这一条永远不会变。

第三章
智能化战争的作战样式

在此之前，只要发生战争，总有人处于危险之中。现在，技术进步让士兵远离危险，人类垄断战争5000年的历史就此结束，新时代的战争已拉开帷幕。没有比这个重要的了。

——彼得·W.辛格

⊖ 彼得·W.辛格，著有《机器人战争》一书。

"   旦技术上的进步可以用于军事目的并且已经用于军事目的，它们便立刻几乎强制地，而且往往是违反指挥官的意志而引起作战方式上的改变甚至变革。"[一] 颠覆性技术支配战场各要素，逐步改变战争形态，战争形态的演变又主要体现在作战样式的发展变化上，研究探索智能化战争的主要作战行动样式，对于深入理解和掌握智能化战争具有重要的作用和价值。基于当前和可预期的技术支撑，我们认为主要有"人机协同战""族群突击战""跨域渗透战""赛博闪击战"4类样式。

第一节 "人机协同战"

"人机协同战"是指以人工智能和网络信息体系为支撑，以无人化作战平台为主要力量，人机结合执行全维跨域作战任务的一种新型

[一] 中国人民解放军军事科学院编.马克思恩格斯军事文集：第一卷[M].北京：战士出版社，1981：17.

作战形式。也是目前已经运用并正在逐步深化的作战样式,是典型的"有人为主,无人为辅""无人在前,有人在后",有人主导下的具备一定智能化特征的无人化作战,也就是事前、事中、事后都是以人为主完成控制和主导的作战样式。总体来看,它基于现有作战体系,是对机械化中火力、机动力的拓展运用,是对信息化中信息力、网聚力的聚能释能,是对智能化中智力、算力的初步融入运用。

一、"人机协同战"的基本内涵

从当前的战争实际来说,"人机协同战"可理解为:战场上有人作战平台与无人作战平台,通过密切的协同配合完成"侦察—判断—决策—打击"作战全过程,达成预定作战目的。它既是信息化战争高级阶段的重要作战形式,也与智能化战争相衔接、能够逐步延续到智能化战争的作战形式,代表并引领着新时代作战形式的发展趋势。未来一段时期内,无人作战平台还无法在战场上完全取代有人作战平台执行任务,以有人作战平台为核心,无人作战平台为补充的"人机协同战",将是当前和今后很长一段时间的重要作战样式。

人机协同的基本样式可以概括为"人与机器人"的协同,"人与人工智能"的协同、作战人员身体增强3种基本协同形式,这些将极大地增强军事力量可部署性、杀伤性和可持续性。

人与机器协同是指人与机器之间的合作伙伴关系,旨在提高执行特定任务人与机器人的编队互动能力。

人与人工智能的协同主要表现为人的"武器化"和武器的"类人化",主要应用于侦察监视、情报分析、作战规划和辅助指挥决策等方面。

作战人员身体增强旨在利用机械的、可穿戴的和可植入的能力，来增强作战人员现有的作战能力。

人机协同的方式按照机器在决策环中的自主权限从低到高，可分为"人在环中""人在环上""人在环外"三种。

第一种人在环中（图1）：武器装备的行动完全由人来决策和控制，这是当前的主要运用形式。

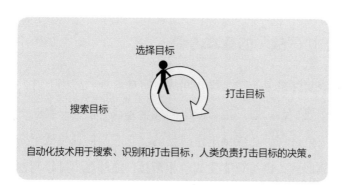

图1　人在环中

第二种人在环上（图2）：武器装备按照指令自主决策和实施行动，人按照需要随时介入接管决策权，这是当前各军事强国大力发展并逐步应用的形式。

图2　人在环上

第三种人在环外（图3）：武器装备被指定了行动限制和目标，

自主决策和实施行动，这是未来发展的方向。

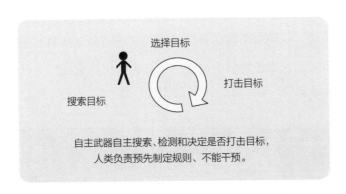

图 3　人在环外

按照美国陆军研究实验室 ARL 的研究，2035 年前，"人在环上"将是主要形式，而在 2050 年左右，才能实现"人在环外"的全自主作战形式，实现战斗员、作战平台、远端云的融合。

二、"人机协同战"的发展现状

（一）美国方面

2015年以来，美国面对大国竞争提出分布式作战、马赛克等新作战概念。在马赛克等新作战概念下，其全面深化有人/无人协同作战发展，并注重"分层"作战运用样式。2017年7月，美军举行的技术演示中，M113输送车与半自主的MRZR越野车、"食蚜蝇"无人机和"派克博特"机器人等伴随机器人编队，协同对敌火力打击，取得良好效果。

2020 年 6 月，美空军研究实验室发布的"空中博格"视频中，强调可消耗的无人"蜂群"突前，执行最危险的任务；可复用的"忠诚僚机"居中，协同有人机行动；有人加强飞机最后，主要负责后方指控和整体协调，勾画出有人机与无人机协同作战的运用场景。2020 年

10月，美国米切尔航空研究所发布的《认识"天空博格人"与低成本可消耗无人机的前景》报告中，强调在不同威胁的对抗区域，利用可消耗无人机诱骗功能，诱使对手雷达开机，协同穿透型制空战机打击对手雷达目标。事实上，以色列、美国在中东战场、伊拉克战场等已经多次使用该作战模式。

美空军发布的采用"天空博格人"软件的低成本可消耗无人机想象图

2020年10月，美陆军在犹他州杜格威实验场完成一次历史性试验，AH-64E"阿帕奇"直升机、RQ-7BV2"影子"无人机、增程型MQ-1C"灰鹰"无人机参与测试，"影子"无人机在"阿帕奇"直升机前方侦察飞行，负责侦察"阿帕奇"视野外的地形；"灰鹰"无人机在"阿帕奇"直升机前方飞行，"阿帕奇"利用"灰鹰"机载传感器和激光指示器定位目标，并向"灰鹰"无人机发出指令，控制增程型MQ-1C"灰鹰"无人机从其机翼下发射了一枚导弹，准确命中目标，构成出美陆军有人/无人协同作战新模式。

2020年2月，美海军完成通过1架有人驾驶的F/A-18"超级大黄蜂"飞机，同时操空另外2架无人驾驶的EA-18G"咆哮者"电子战飞机的试验，推动美海军大幅度扩展感知范围，同时保证有人飞机远离威胁，确保安全性，提高整体生存能力和态势感知能力。

（二）俄罗斯方面

2019 年，俄罗斯公布了 S-70"猎人"重型攻击无人机首次试飞画面，并指出该无人机设计的目的就是与苏 -57 战斗机协同执行作战任务。2020 年 12 月，S-70"猎人"无人机完成数次携空空导弹模拟装置的起飞任务，以评估机载无线电电子设备与弹药引头的适配性。2021 年 3 月，俄罗斯塔斯社报道，S-70"猎人"无人机与苏 -57 第五代战斗机在"网络中心战"框架内，执行打击空中和地面目标，无人机和有人机一起使用时，无人机可以网络为中心进行交互，执行有人机主机发出的指令，与空中、地面力量系统作战，确保完成所有打击任务。S-70"猎人"无人机，2012 年由俄罗斯苏霍伊公司开始研制，2018 年 6 月完成首次地面滑行试验。该机安装 AL-31-41 系列涡扇喷气发动机，最大起飞重量约 25 吨，最大飞行速度可达 1400 千米 / 小时，最大航程 5000 千米。未来，S-70 不仅具有与 1 架有人驾驶战斗机的双机编队中作战的能力，而且还可以在 3 架有人飞行中队或 12 架飞机大队框架内行动的能力。

"猎人"无人机性能参数

机身全长	14m
翼展	19m
最大起飞重量	20t
最大飞行速度	920km/h
最大航程	3500km

苏 -57（左）战机与"猎人"无人机（右）协同作战编队飞行

（三）欧洲方面

2020 年 1 月，空客发布多域作战云视频，视频中显示多域作战云及其应用系统，将成为未来作战的全新改变者，它将使有人和无人机之间以及所有作战域内部和跨域的协同作战成为可能。它将通过从有源和无源传感器的多种来源收集数据，通过更快和更高的效率，使军事行动更有效率。用于作战行动的情报，可通过利用人工智能和机器深度学习合并数据来实现。2020 年 10 月，空客抛出"有人/无人编队与远程航母"理念，无人机与未来的下一代战斗机，甚至是升级后的现役喷气式飞机组队。无人作战机集群与有人作战飞机配合，提供高度竞争环境中所需要的增强战斗力。通过开辟以协同作战为基础的新战术领域，利用欺骗和数量上的优势来破坏和压倒对手，实现效能的提升。通过确保为特定任务提供所需的能力组合，来提高效率。有人机可以保持较安全的距离，而较近的无人作战飞机将处理威胁，从而使飞行员不受伤害，提高有人作战平台的战场生存能力。

未来空战系统概念下的有人/无人协同作战样式

三、"人机协同战"的增强技术

人体增强技术步入快车道，在多领域的应用前景和颠覆性影响令人瞩目。

视听增强方面，其技术主要有两类：一是能够修补视力的眼内植入物，可接收视觉影像，并转为电子信号刺激神经，将信息直接传入大脑；二是利用伸缩式或夜视隐形眼镜、智能眼镜等新型可穿戴设备，实现对周围环境的更好感知。美国国防部高级研究计划局（DARPA）在"士兵视觉增强系统"项目下开始研发一种隐形眼镜，该隐形眼镜可以增强作战人员的正常视力，佩戴该隐形眼镜的作战人员可以看到虚拟的、增强现实的图像，整个过程无须借助庞大笨重的仪器。2013年，美国普利斯顿大学利用3D打印技术制造出世界第一个仿生耳，可以接受声波与超声波信号。2014年，美国密歇根大学的科学家将可感知光子的石墨烯薄层嵌入到镜片之中，发明了一种比指甲还小的夜视隐形眼镜原型，使昏暗的图像看起来更明亮，将成为新一代夜视装备。

脑力增强方面，2012年，美国DARPA启动了"阿凡达"项目，目标是研制可通过意念控制的机器人，有望在未来代替士兵作战。2013年，DARPA曾试图通过脑—机接口技术手段，缩短士兵技能训练周期，打造"超级战士"，建立"认知技术威胁预警系统"，从而使士兵在2~3秒内识别视场范围内100个威胁目标。2014年，德国慕尼黑工业大学的研究人员首次展示脑控飞行，最多可控制4架无人机。2015年，美军启动的"恢复性活动记忆与回放"项目，旨在帮助人脑更好地记住具体的偶然事件，更快地学会技能。美国国防部高级研究计划局2015财年中新增了"大脑皮质处理器"等研发项目，通过模拟人类大脑皮质结构，开发数据传输速率和处理效率比原来高几个数量级的新型类脑处理器芯片，功耗极低。该处理器可用于实时的数据感知处理和目标识别，解决高速运动物体的即时控制等难题，未来投入应用将大幅提高机器人、无人机、无人车和无人船的自主能力。据兰德公司2020年为美军提供的报告显示，随着脑机接口技术的日益成熟，未来各类军事装备的操控、信息技术的交互，将因"人机直连"变得简便、高效。基于上述认知，以DARPA为首的美军高新技术研发机构加大在脑机接口技术领域投入，试图以此增强士兵在战场环境中的感知能力与学习能力，抢占多维空间"制脑权"。

美国明尼苏达大学脑机接口装置控制飞行器实验场景

　　体力增强方面，目前人体外骨骼技术已经成熟，多国已实际装配。如法国有"大力神"外骨骼，可携带100千克重物，穿戴者以4千米/小时的速度可行进约20千米。DARPA研制的"勇士织衣"内穿型作战服，它更像是肌肉、关节的感应"增强器"，不仅具有传统的防弹功能，还能增强人体机能，使士兵能背负重物长时间行军，其作战指标要求为：功率小于100瓦、重量不超过9千克，在不充电情况下工作24小时，士兵背负45千克重物以1.25/秒速度在平地上行走时，可以减少25%的代谢消耗。2018年7月，加拿大推出一款不采用动力驱动的UPRISE超轻型被动型外骨骼，这种外骨骼可利用钛制框架将人体肩部50%~80%的负重转移至地面，减轻负重对士兵骨骼肌的损伤。2018年，美军陆军特种部队司令部公布了人工智能与机器学习计划，提出将研究如何利用人工智能和机器学习技术增强士兵在物理、虚拟和认知领域的一体化作战能力。

外军体力增强装备

四、"人机协同战"的应用场景

（一）人机协同智能感知

智能化战场要求态势感知必须向基于人机并行交互的智能化态势感知模式转变。人机智能化深度感知模式是"人智"和"机智"的有机结合，具备更高的理解力、想象力、思考力，能够更为深刻地感知战场、认知战场和理解战场综合态势，从而实现对战场态势感知的自主化、智能化。要实现人机智能化深度感知模式，网络化是基础，在战场态势感知与理解上，从基于平台到基于网络将成为人机深度感知模式的重要转变，网络化分布可将感知到的信息进行跨结构、跨领域、跨模态的深度交流和融合；认知化是关键，认知化可以将战场态势感知离散的、被动的层次提升到关联的、自主的认知层次，实现态势自主认知和判断。智能化是核心，基于传统概率统计理论以实现战场态势感知，已经不能适应现在被海量数据信息包围的现代战争形态，未来战场态势感知终将向基于深度学习、认知推理的人机深度智能感知模式发展，这将大幅提升自主化、适应化、智能化态势感知、理解与认知能力，为作战指挥决策提供支撑。

2019年12月31日，美军提出所谓"决策中心战"，实质就是将大量决策、情况判断的工作赋予人工智能，指挥员只需决断"打"与"不打"，达到"以快制慢""以早制迟"的目的，核心就是"依靠信息、指挥优势掌握决策优势"，是典型的人与人工智能协同，使战场始终处于高节奏的动态变化中，迫使敌方处于"战场迷雾"中、陷入"决策困境"。

（二）人机协同定点清除

"定点清除"源自"快速决定性作战"理论，主张凭借信息、技术、跨域、距离、体系非对称优势，采取小投入、低成本的战场投入和小行动、低烈度的战争运作，以小搏大、以低谋高、以慑止战、以战止战。无人平台突出的隐蔽性、强悍的战斗力、超强的执行力，与其作战要求极为契合，逐步成军事强国定点清除首选手段。2019年以来4次著名的"定点清除"行动，均由无人平台为主或深度参与完成，人逐步居于后台，主要负责情报支援、指挥决策。

2019年"斩首""伊斯兰国"极端组织头目巴格达迪，"三角洲"特种部队搭乘8架"黑鹰"、1架"支奴干"直升机，采取"远程隐蔽渗透（低空迂回800千米）、空中火力突击（直升机、无人机火力突击）、有人无人袭杀（出动战斗机器人1台）、人犬协同搜捕"战法，逼迫巴格达迪自爆。

2020 年 11 月 27 日下午，伊朗核科学家法赫里扎德及妻子乘坐防弹车，在 11 名安保人员护送下，前往郊区别墅过周末。停在路边的 1 辆尼桑小轿车上搭载的遥控武器站首先发射了 1 颗子弹击中其乘坐车辆，造成车辆熄火。法赫里扎德下车查看情况，遭遥控武器站击中后不治身亡，遥控武器站随后自爆销毁。这是第一起使用遥控武器站对伊朗重要人物的暗杀行动，开启了无人化定点清除的新样式。"斩首"目标精准，不仅能精准识别法乘坐的车辆，还能精准识别其个人，全过程共发射 12 枚子弹，法身中至少 3 枪，保护他的保镖身中 4 枪，但距离其仅 25 厘米的妻子却 1 枪未中；斩首实施无人化，遥控武器站通过卫星远程控制，现场没有操作人员；斩首行动设计周密，实施前切断了附近医院的供电系统，导致法被迫送往更远的德黑兰医院，最终不治身亡。

法赫里扎德被无人遥控武器定点清除现场

　　要做到这些，人工智能技术最少提供 3 项支撑：第一，自主识别。快速提取人脸图像的特征数据，与数据库中存储的特征模板进行搜索匹配，快速确认并锁定目标。第二，深度学习。遥控武器"AI 大脑"

对法的照片、影像必然行过成千上万次的"识别""瞄准"训练，并形成一定的自学习、自发现、自捕捉、自积累经验的能力，使其能够瞬间锁定法本人，并构成瞄准待击发状态。第三，精准控制。此次行动仍为"以人为主""人在环中"，但开创了使用高轨卫星、精准控制地面无人平台实施猎杀的先河，据悉其传输速率达682MB/s。

（三）人机协同自主防卫

将无人遥控站、无人机、无人车等无人平台与红外传感、射频感应、生物特征等感知、探测和测量手段深度融合，在大数据、人脸识别、深度学习等前沿科技"加持"下，构建形成多维一体、无人值守、自动识别、自主射击的防卫体系，大幅增强防守方防御能力，尤其适应于边境边防、要域要点、岛屿岛礁、重要通道控守。如可在边境封锁线设置多道边境无人值守集装箱式导弹，应对突发事件，防御敌突然袭击，自主或半自主攻击非法进入边境封控区的敌武装力量，特别是在兵力不易到达或不易部署兵力的深山老林、道路、山口、隘路等偏僻地段重点部署，减小了部队保障压力。降低了武器配置阵地要求，满足侦察、反装甲、反步兵于一体的多任务需求。

（四）有人/无人协同突击

有人/无人协同作战是将体系能力分散到有人和无人平台之上，通过体系内各平台之间的协同工作，一方面使作战能力倍增，另一方面利用无人平台实现对有人平台的保护，大幅提高体系的抗毁能力。有人/无人协同作战能够实现有人和无人平台之间的优势互补，分工协作，通常采取"无人在前、有人在后、异构协同"的方法实施突击，减少人员伤亡，提升作战效能。

美军新型"通用遥控武器系统"

2019 年美国陆军"机动作战试验室"针对有人 / 无人混编排进行验证，推演发现其战斗力提升近 10 倍。美军的"忠诚僚机"计划，期望利用 2/3 架自主无人机充当僚机，协助长机完成作战任务，必要时甚至可以"牺牲"自己。兰德公司研究的" B-52+ 无人机突防"战法，就是利用无人机目标小的特点，协助 B-52 实现防区外对地突击的任务，作战效能大大提高。

美空军曾对这种有人 / 无人机协作的空战方式，利用人工智能飞行员与真人飞行员进行过对抗模拟，结果大获全胜，大大超出预料。美军 X-47B 无人空战系统验证机项目中，美海军以我国为假想敌，以 3 艘航母为活动基地，形成 3 个舰载机联队，其中 1 个联队以无人舰载机为中心，由 15 架 X-47B 无人机组成集群，与 E-2D 预警机协同自主作战，可对我全境全域实施超视距、超强度、超时效的打击。美国空军威廉·霍宾斯将军说道："我们需要像有人驾驶飞行那样行动的无人机，需要无人机遂行有人驾驶飞行遂行的任务。我们应该具备驾驶有人驾驶和无人平台的能力，其中包括由一人控制的多个无人机身。我们需要指挥官对无人或有人驾驶飞机充满信心，这并没有什么区别，因为他们具有同样的效力。"

装备性能参数

机身全长	8.8m
翼展	6.7m
最大携弹量	8枚
最大飞行速度	1050km/h
最大航程	3941km
最大升限	13715m

美军 XQ-58A "女武神"忠诚僚机

五、"人机协同战"的作战优势

人机协同作战发挥的整体效能远超有人作战平台和无人作战平台各自所发挥的作战效能之和，其优势通常体现在 3 个方面。

（一）"人机协同战"显著提高作战效率

人机协同作战过程中，有人作战平台可以近距离地对无人作战平台进行指挥和控制，缩短了战场数据通信距离，减少了通信造成的信息延迟时间，缩短了从决策到打击的时间，增强了人机协同作战的快速性、实时性和灵活性；人机协同作战可以避免信息传输过程中的中继传输，提高战场数据通信系统的安全性、抗干扰能力和低截获概率，更易达成进攻的突然性；同时，可以根据战场需要，灵活地选择有人或无人的打击方式，以取得最佳的作战效果。

（二）"人机协同战"明显提升生存能力

无人作战平台可以承受一些危险性较高的作战任务，如目标区域的近距离电子干扰和侦察干扰等，显著降低有生力量的伤亡率；由于无人作战平台在承担特定任务时，仅靠数据链进行通信，信息流量较少，通信频率较低，保密性较好，被敌方截获和觉察的概率较低，所以可以实现隐蔽接敌。此外，有人作战平台可以指挥控制无人作战平台进行先期的攻击任务，消耗敌方部分有生力量，为后续实施的有人作战创造良好的战场态势，避免己方力量伤亡。

（三）"人机协同战"更能适应电磁环境

人机之间松散耦合的特征，保证了人机系统构成的可重用性和可扩展性，在人机协同作战过程中，为了增加任务成功的机会，无人作战平台通常进行冗余配置，并实现互相支援和能力互补，即使有部分成员被干扰和破坏，其他的成员同样可以协同完成作战任务，整个作战过程并不依赖于某一个特定成员完成所有的作战任务，也不会因为某一个成员的损伤或者退出而导致整个作战系统的瘫痪。此外，有人作战平台和无人作战平台共同组成了一个多传感器的信息源网络，每个作战单元都可以作为网络上的一个信息节点，任何一个节点的毁伤都不会影响网络中其他节点的工作，有效地增强了在复杂电磁环境下的战场信息保障能力。

第二节 "族群突击战"

这是目前已经初步验证的作战样式，是空中"蜂群"、地面"蚁群"、水中"鱼群"的统称和融合运用，是典型的"有人为辅，无人为主""有限控制下的无人作战"，即作战全程中人的控制是有限度、辅助性的但又是关键的，多数情况下依靠平台自主行动。总体来看，这种作战方式已逐步脱离现有作战体系、作战理念，它的成熟应用，将推动战争形态进入智能化战争的门槛。

一、"族群突击战"的基本内涵

"族群突击战"是指通过模拟群聚生物（蚂蚁、蜜蜂、鱼群）的协作行为与信息交互方式，运用传感器、定位设备、处理器等硬件，组网融合分布式单个无人作战单元，形成无人作战集群，衍生出能力更强的作战效能，瞬时动态聚能，精准融合释能，合力破敌克敌。具有4个优势特征：

（一）成本低，效费比例高

单个无人平台价格低廉、技术成熟，通过不同功能混编可实现大型集成化平台的作战能力，采取"自杀"式、"鱼贯"式、"饱和"式战术，对敌军事设施、高价值目标实施打击，以超低代价消耗敌弹药、破坏敌体系。

（二）无中心，抗毁能力强

单个平台具有易维修、互换性强等特点，集群没有一个个体处于主导地位，任何一个个体消失或丧失功能，都不影响群体功能，新的集群结构会快速自动形成并保持稳定，能持续保持作战的高压态势和连续进攻势头。

（三）智能化，任务领域广

集群内各平台联网行动、信息共享，一点发现、全网皆知，并具备自主决策能力，可搭载侦察探测、火力打击、电子干扰等不同载荷执行不同作战任务，根据战场态势在线自动分解任务，实现自主搜索、跟踪、锁定、打击和评估等一体化作战功能。

（四）小型化，作战响应快

单个平台体积小、速度快、隐蔽性强，现役雷达、可见光和红外设备很难发现，可利用有人 / 无人飞机或火箭炮布撒、地面发射或手抛等多种方式投送到目标区域，遂行多样化军事任务。

二、"族群突击战"的发展现状

第二次世界大战结束以来，美国在军事上、经济上成为全球首屈一指的国家，霸权主义思维渐成。但21世纪以来，随着新军事技术革命的兴起，潜在挑战其霸权地位的国家开始出现。为应对未来可能的军事挑战，美智库开始进行宏观战略研究。2014年1月，美国智库"新美国安全中心"，发表了《20YY年：为机器人时代的战争做好准备》。报告指出美军绝对优势包括：一是高性能机动平台；二是精确制导武器；三是全球信息网络。但也提出了美军面临的问题：一是对手国家在上述方面能力增强，美国优势差距在缩小；二是武器装备研制、生产和运行维护成本高昂，不可持续；三是系统防护有短板，不利于强敌对抗；四是人员成本高昂，预计占美国国防部预算46％（2021年）。在这种情况下，美国智库提出无人化、集群化、智能化改造应对策略。在此背景下，美军多个无人集群项目快速上马、引领全球。

（一）空中无人集群

多架无人机之间通过数据链进行信息共享，实现协同目标搜索、任务分配、实施打击，有效提升无人机整体作战效能。

1. "灰山鹑"项目

"灰山鹑"微型无人机高速发射演示项目是美国国防部战略办公室主导的无人机项目。2014年启动，国防部战略办公室首次利用F-16战机开展"灰山鹑"无人机空中发射试验。2016年，项目演示了一次微型无人机蜂群空中投放和按指令组群飞行。演示中，美国海军3架"超级大黄蜂"战斗机以马赫数0.6速度投放了103架"灰山鹑"无人机，这群小型无人机未预先编写飞行程序，展现了集体决策、自修正和自适应编队的自主协同飞行能力。

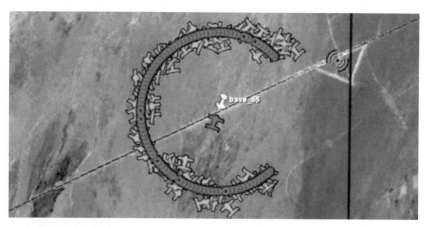

103架"灰山鹑"编队飞行示意图

2. "小精灵"项目

2015年9月，DARPA公布了"小精灵"研究项目，计划研制一种可回收的侦察和电子战无人机蜂群。这种无人机蜂群可由C-130多用途飞机投放，迅速进入敌方上空，通过压制防空、切断通信甚至利用计算机病毒袭击敌人数据网络等措施击败敌人。按照DARPA的设想，"小精灵"项目的无人机蜂群成本相对低廉，即使损毁也不会危及任务或者造成严重的成本损失。此外，"小精灵"无人机非常先进，如果能在任务中幸存，可回收重复利用，继续执行任务，是一种可以重复使用的无人机。这些无人机将配备多种不同载荷，采取齐射方式，具有数量大、尺寸小、价廉、可重复使用等特点。"小精灵"作战系统的最优性能目标为：大型平台能发射超过20架无人机，30分钟以内回收8架或更多无人机，成功回收率大于95%，回收后再次发射的时间不超过24小时。

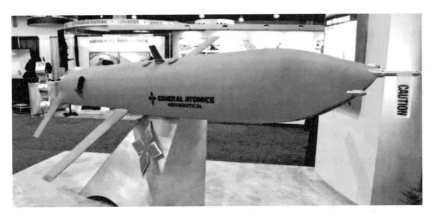

通用原子公司"小精灵"无人机全尺寸模型

3. "郊狼"项目

该项目启动于2015年，是海军研究办公室的"低成本无人机集群技术"项目（代号：LOCUST），该项目旨在快速释放大量小型无人机，通过自适应组网及自主协同技术，携带各类侦察与攻击载荷，在数量上以绝对压倒性的优势赢得战斗。2015年3月，美国海军研究署测试了无人机发射器，成功发射"郊狼"无人机9架并实施了自主编队飞行。2016年6月，美国海军研究署在亚利桑那州完成了一系列试验，30架"郊狼"无人机在40秒内被依次发射，并验证了编队飞行、队形变换、协同机动能力。"郊狼"无人机蜂群在迅速发射之后，可使用低功率无线电网络建立彼此之间的通信关系，共享位置信息和其他信息，所有无人机将形成"母子"关系，其中1架起领导作用，其余无人机则为下属。飞行时，地面操作员不必对每架无人机进行单独控制，仅需对蜂群进行整体控制。"郊狼"无人机长0.91米，翼展1.47米，重量5.9千克，最大飞行高度6096米，飞行速度110千米/时，续航时间1.5小时，可携带约0.9千克的载荷，配装电动推进系统，每架约1.5万美元。2018年雷神公司在范保罗航展上宣布，美国陆军将利用该公司的"郊狼"无人机和KRFS雷达组合成反无人机系统，在该武器系统中，"郊狼"无人机配装一个先进的导引头和一个战斗部队，与工作在Ku波段、能够捕获并精确跟踪各种尺寸无人机威胁的KRFS有源相控阵雷达一起，能够识别和消灭威胁无人机。

"低成本无人机集群技术"项目

4."蝉"项目

该项目启动于2011年，在2017年的海空天博览上，展示了最新的MK5"蝉"无人机原型。该无人机质量只有65克，从美国海军的P-3飞机上的发射管发射，每个发射管可携带32个无人机。无人机可以达到5米的定位精度。可携带天气、气压、温湿度等传感器或声学探测、生化探测等微型电子设备，通过数据链互联成自组织网络，在目标区域组建稳定的"无人探测'蜂群'"。

5."拒止环境中协同作战"项目

2014年，DARPA提出"拒止环境中协同作战"项目（代号：CODE）。CODE项目旨在发展协同自主水平，依靠通信中继无人机将无人机群与位于战场边缘的载人飞行器链接起来，在有人监督控制的模式下实现无人机集群协同作战。核心是为无人机开发先进算法和软件，拓展在拒止或对抗空域的作战能力，其寻求创建一种超越当前水平的模块化软件体系结构，能适应不同的带宽限制及通信干扰，同时兼容现行标准，并且在现有无人机平台上安装，具备经济可承受性。2018年11月，DARPA宣布，在亚利桑那州尤马试验场进行了一系列CODE项目演示测试，证实真实和虚拟的无人机在通信和GPS遭受严重电子攻击时，仍能高度自主协同作战。在试验中，具有CODE功能的无人空中系统能在反介入区域拒止环境中自动适应威胁的变化。无人机相互之间能共享信息，规划并分配任务目标，进行战术决策，并以最少的通信应对敌方可能的干扰。试验开始时，任务指挥官与无人机进行交互并操控无人机的运行，随后通信被降级或中断。CODE无人机会继续自主进行任务规划，在没有人为实时指令情况下，能以最佳方式相互通信以实现目标。

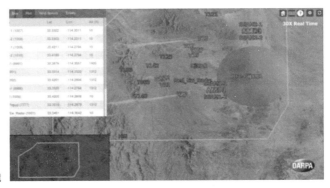

CODE仿真测试环境

（二）地面无人集群

美国发展地面无人平台较早，早在 1969 年就在越南战争中将无人车应用于物资运输。20 世纪 80 年代，美军的无人车研发一直是遥控车辆，主要应用于排爆、侦察、监视、运输等多领域。1988 年，美国国防部、陆军、海军陆战队将各自独立的"战场地面机器人车辆计划"合并为"无人驾驶地面车辆计划"，同时组建了无人驾驶地面车／系统联合项目办公室，统一领导规划美军的地面无人车研制。20 世纪 90 年代，在该办公室的领导下，美军与各大学、厂家研制了如"萨格"机器人平台等一系列遥控无人车，并成功应用于部队。20 世纪 90 年代末至 21 世纪初，随着人工智能、控制技术等取得突破性进展，美军继续推进无人自主车辆的研究，推出了"未来作战系统"等一系列研制计划，在半自主控制技术上取得了较大成功。21 世纪，美军遥控车辆技术更加成熟，推出了如"破碎机"无人地面车辆平台等一系列高性能的遥控无人车。美军将低空与地面组成一体化的作战区域，在研的地面无人攻击系统，由 1 台指挥车、3~5 台无人攻击车、6~8 架察打一体无人机组成，1 名操作员即可完成控制。

美国国防部高级研究计划局发布的"进攻性集群战术"第二个"集群冲刺"征询公告，要求集群由250个地面和空中等异构无人系统组成，蜂群系统框架以3个互相协同且彼此交叉的要素为核心：从蜂群使用中发现新蜂群战术（创新）；创建新方法使蜂群操作员获得丰富且直观的感受（交互）；将蜂群能力快速集成到蜂群系统中（集成）。要求集群规模根据作战需求可变化，数量变化不低于50%，系统构建基于新战术的行动方案不超过1分钟，部署新战术小于1分钟，促使地面无人集群交战对抗规模扩大，交战对抗进入"秒战"时代。

蜂群物理测试床

"进攻性集群战术"
蜂群物理测试床

（三）海上无人集群

海上"鱼群"研究发展起步较晚，2007年，美军在《无人系统路线图》中提出并逐步展开研究。

1."海上集群"项目

美国战略能力办公室与海军研究局联合开展该项目，核心是开发无人水面舰艇集群技术，验证无人水面舰艇开展不同任务时的情景感知及协作能力。2014年8月，美海军将13艘水面无人艇组成编队，实现了单艇接收指令后，集群自主行为决策，成功发现"敌舰"并拦截，引发广泛关注。根据美国国防部计划，2016财年该项目转入样机试验

美海军13艘水面无人艇集群实验

阶段，完成1艘无人水面艇在开放水域的远航程自主航行，验证软硬件的可靠性，同时试验5艘无人水面艇集群子系统，包括传感器、导航、通信和自主系统等。2017财年开展无人水面艇集群的单项战术任务验证，研究复杂联合任务能力，如自主搜寻和识别、先进负载运输等。

2. "海上猎人"项目

美军将无人水面艇分为X级、港口级、潜艇级和舰队级4类。无人水面艇兼具执行水面/水下任务的优势，机动性好、保障限制少，可在水面舰艇难以进入或危险性大的区域执行任务。其中，最大的舰队级不过11米长，航程与负载能力均有限，只能在情报监视侦察、海上安全任务、反水雷等作战领域起到辅助作用，未大规模装备使用。

DARPA自2010年开始研制反潜持续跟踪无人艇，用无人水面艇替代有人舰船执行反潜跟踪任务。2014年反潜持续跟踪无人艇样机开始制造，并于2016年由美国海军命名为"海上猎人"。"海上猎人"展现出全新作战能力，验证了无人水面艇在海上更大范围应用、甚至替代现有作战平台的潜力。2018年，"海上猎人"号反潜持续跟踪无人艇技术验证艇正式交付美国海军研究办公室。"海上猎人"可以装配大量的声呐等设备，可能被美军部署在关键水道和热点地区，用于监测、追踪美军认定的"竞争对手"潜艇或水面舰艇。

装备性能参数

长/宽	40m/12.19m
重量	140t
最高时速	27节
最大航程	7200km
最大续航时间	90天
航行抗浪等级	5级

三体船型"海上猎人"反潜无人船

3.“自主无人水面艇”项目

液力机器人和波音公司联合开展了“自主无人水面艇”项目，目标是用滑翔式无人艇将波浪的上下起伏转化为前进的动力，实现超长续航力。艇上搭载先进传感器，能有效探测安静型常规潜艇和无人潜航器。该无人水面艇主要由水面太阳能电池、电子通信任务单元和水下波浪能系统组成，可拖拽水下传感器、传感器阵列或搭载其他有效载荷，航行速度为 3.7 千米 / 小时，可连续航行 6 个月，通过卫星上传数据，一般通过水面舰艇部署。“自主无人水面艇”项目潜力巨大，可执行反潜战、水面战和持久 ISR 任务。在 2016 年“无人战士”演习期间，完成 4 艘无人艇的组网探潜试验。2017 年波音公司正在为“搭载传感器的长航时无人水面艇”发展空投能力，通过降落伞部署至指定区域执行监视任务。

（四）水下无人集群

水下作战体系复杂庞大，主要由水下预警监视系统、指挥通信系统、攻防作战系统、综合保障系统等构成。水下攻防系统由各类舰艇、无人潜航器、跨介质无人飞行器、水下预置无人作战系统等组成。其中，水下预置无人作战系统是指将无人机、各类导弹、鱼雷等作战装备预先放置于大陆架、岛链等敏感海域并进行长时间潜伏，并可通过远程手段激活后执行侦察、打击、航路封锁等任务，是一种新型的水下攻击武器装备。在水下无人系统集群领域，美国主要开展了3型集群作战研究。

1. 近海水下持久监视网

其利用核潜艇搭载和布放固定式水听器阵、多种无人潜艇器，众多装备各司其职，形成作战集群，能对 1 万平方千米水域内的常规潜艇进行数月乃至数年的探测、识别、定位、跟踪。也可获取海洋环境信息，探测水下目标，为水下作战提供支撑。2005 年开始样机研发，2012 年完成样机研发，2013 年完成样机海试，已于 2015 年形成作战能力。

2. 深海沉浮载荷

其是由 DARPA 提出的一种水下预置无人系统，该系统为 4000 米深海布置的密封吊舱，内置传感器、无人机、导弹等有效载荷，潜伏期长达数年，并在需要时远程遥控激活，吊舱浮出水面，释放有效载荷，执行军事任务。系统组成包含有效载荷、远程通信装置、浮筒发射装置等，有效载荷包括低功率的激光攻击系统、监视传感器，甚至是作为诱饵或提供情报和目标信息的无人机和潜航器等。

3. 海德拉

2013 年，DARPA 战术技术办公室向外界公开发布了代号为"海德拉"的水下无人作战平台研发计划。"海德拉"为一类无人值守、长期待机的水下作战平台族群，由若干种不同组成结构、任务载荷、功能作用的作战平台组成，包括情报监视侦察型、火力打击型、水下 /空中无人母船型、特种部队装备支援型以及能源补给型和后勤保障型等。这些平台均能在水深 300 米以内的海区连续静默潜伏数月，和外界的联络方式以被动接收指挥、控制和情报信息为主，隐蔽性强，侦测难度大。该系统计划 2018 年底完成试验验证。

据分析，"海德拉"系统可能与美国海军上浮式有效载荷、反潜持续跟踪无人艇、先进可部署声呐侦察系统、固定分布式声呐侦察系统等无人作战装备一起，在美军 P-8A 反潜巡逻机、MQ-4C 海上广域监视无人机、RC-135 电子侦察机以及各类侦察、通信卫星的支援下，构成在敌方近海部署的、无人值守的、24 小时运作的侦察监视传感器网络和对潜、对舰、对地打击网络，从而实现高效费比的前沿存在和兵力投送。

（五）跨域无人集群

美军一直致力于实现水上、水下联合作战，形成海上立体化的作战网络，以体系化作战力量较对手形成"代差式"作战优势。2010 年启动的"分布式敏捷反潜系统"项目，区分为深海、浅海两套系统。深海系统由固定式声学路径系统和移动式无人猎潜系统组成，先使用"固定式"大面积探测，后由"移动式"跟踪确认，可有效提升深海反潜效能。浅海系统由无人机和潜航器构成，由数十个无人潜航器与无人机组成的集群能够监视 18 万平方千米水域潜艇的活动。2016 年，美海军"蓝鲸-21"重型无人潜艇器释放了 3 具"蓝鲸—金枪鱼"微型无人潜航器，后者与从潜艇上发射的"黑翼"微型无人机成功完成数据交换。2017 年"先进海军技术演习"，美海军成功验证无人水下指挥系统，可同时控制大型自主无人潜航器、小型无人潜航器、无人水面舰艇及多架无人机，定位并攻击水下目标。

美军潜艇从水下发射无人机想象图

三、"族群突击战"的应用场景

主要有三种应用场景，可担负 12 项典型任务。

（一）空中"蜂群"无人作战

可担负 5 项任务：一是态势感知。可作为大型有人、无人空中侦察平台的补充，实施分布式、抵近式协同侦察，扩大侦察范围、弥补探测盲区、提升侦察效率、提高侦测精度。美空军遥控 90 架微型无人机抵近目标实施分布式自主侦察，迅速获取目标信息，精准评估大规模轰炸效果。二是空中突防。当前防空系统主要针对超音速、喷气式飞机研制，很难探测抗击"低小慢"目标，使用"蜂群"实施空中突防，作战效果明显。纳卡冲突中，阿军使用价格低廉的无人机与巡飞弹，成功压垮亚美尼亚防空系统。三是饱和攻击。配合联合火力打击，使用空基、陆基、舰基平台，发射数量庞大、价格低廉的微小型无人机，自适应、自控制、自调试"鱼贯式""饱和式"攻击节点目标，将极大提升作战效费比。美实验，100 架无人机摧毁 63 个、探测到 91% 的目标，而 1 个有人机中队仅歼灭 11 个、探索到 33% 的目标。四是消耗战力。"蜂群"既可直接集群攻击目标，也可实施战术佯动，吸引对手使用防空导弹拦截。如果敌方未做反应，则可由佯动直接变为主攻。美测试对伯克级驱逐舰进行"蜂群"攻击，如使用导弹拦截将耗尽防空火力，如后续遭到攻击，将难以反击。五是电子攻击。"蜂群"可自主协调单机航线和干扰频段，近距离干扰敌用频装备全探测区域、全频段信号（干扰距离减少 1/10，干扰强度增大 100 倍），使其探测能力大幅降低。美 EA–18G 飞机投放数十架"冲刺"微型电子干扰无人机，集群攻击可连续 10 小时压制对手防空体系。

（二）地面"蚁群"无人作战

可担负 3 项任务：一是混编作战。将无人平台与陆战班组混合编组，采取"班组＋无人战车""班组＋机器人战士"等编组方式，形成"人机一体"作战模型，发挥整体优势，可执行侦察监视、排爆侦毒、快速突击、城市巷战等任务，作战效能倍增。二是组网攻击。通过火箭炮先发射"巡飞弹群"、后发射"末敏弹群"，组成覆盖大范围的弹幕群，对预定区域实施不间断的侦察监视、智能识别，发现坦克群、大股支援反击力量等目标后实施引导式、精准式、组网式协同攻击。三是异构突击。构建有人／无人一体、空地一体、"蜂甲一体"异构作战系统，自主侦监、察打一体、火力突袭、近距突击，打城镇、夺要点、控要域。美军无人作战演习中，无人机超低空侦察、攻击；"蝙蝠""吉科"机器人巷战中将室内情况传输给指挥机构和其他机器人；当发现室内有敌人时，人型机器人突入攻击；有敌支援时，"魔爪"机器人快速拦阻。美评估其作战能力为同类型部队的 2.5 倍。

面对无人机威胁，美军公布多项应对战略（美国《防务新闻》周刊网站）

（三）海上"鱼群"无人作战

可担负 4 项任务：一是持久监视。使用无人潜航器等组成侦察监视网系，预先布设于重要海域，或抵近近岸海域对敌舰艇编队、潜艇出返航实施持续侦察监视。美军"分布式敏捷反潜系统"，由数十个无人潜航器与无人机组成集群，能够监视 18 万平方千米水域潜艇活动情况。二是护航警戒。将无人艇、无人潜航器部署于作战船团周边海域，执行海上警戒巡逻和水下探测跟踪任务。2014 年，美海军将 13 艘水面无人艇组成编队，实现单艇接收指令后，集群自主行为决策，成功发现"敌舰"并拦截。三是开辟通道。使用无人艇、无人潜航器隐蔽驶抵敌岛近岸和登陆场海域对水雷、障碍物等设施进行探测、分类、识别、摧毁，为两栖突击力量开辟进攻通道。2018 年 2 月，美国海军陆战队司令部沃尔斯中将透露，美海军陆战队新装备了一种多用途无人艇。该艇能拖带、携带传感器、电子战系统，发射小型导弹，部署"数据潜水员"——能扫描成像水下登陆通道的障碍物和水雷。部署部队反映，该艇大大提高他们对水下障碍物的发现能力。四是跨域作战。水上、水下一体，形成海上立体化无人作战集群，以体系化作战力量较对手形成作战优势。美海军无人水下指挥系统，可同时控制 8 艘大型自主无人潜航器、4 艘小型无人潜航器、2 艘无人水面舰艇、1 架无人机，定位并攻击水下目标。

四、"族群突击战"的主要优势

利用协同群系统实施集群作战，特别是蜂群作战，具有多方面的优势与特点。

（一）规模优势

庞大的无人系统，可以分散作战力量，增加敌方攻击的目标数，迫使敌人消耗更多的武器和弹药。集群的生存能力，因数量足够多而具有较大的弹性和较强的恢复能力，单个平台的生存能力变得无关紧要，而整体的优势更为明显。数量规模使战斗力的衰减不会大起大落，因为消耗一个个低成本的无人平台，不像高价值的有人作战平台与复杂武器系统，如B-2战略轰炸机，F-22、F-35这类的先进作战飞机，一旦受到攻击或者被击毁，战斗力急剧下降。集群作战可以同时发起攻击，使敌人的防线不堪重负，因为大部分防御系统能力有限，一次只能处理一定数量的威胁，即便是密集火炮防御，一次齐射也只能击有限目标，总有漏网之鱼，所以集群突防能力极强。

（二）成本优势

集群作战特别是蜂群作战大多以中小无人机、无人平台和弹药为主，型谱简单、数量规模较大，质量性能要求相同，便于低成本大规模生产。现代武器装备和作战平台，虽然升级换代的速度明显加快，但成本上涨也极其惊人。二战以后，武器装备研发和采购价格表明，装备成本和价格上涨比性能提升快得多。海湾战争时期的主战坦克的造价是二战时期的40倍，作战飞机和航空母舰则高达500倍。海湾战争后到2020年，各类主战武器装备价格又分别上涨了几倍、十几倍甚至几十倍。造不起、买不起、用不起，部队先进装备数量逐步下滑，已经成为一个突出的矛盾和问题。

（三）自主优势

在统一的时空基准平台下，通过网络化的主动、被动通信联络和对战场环境的智能感知，群体中的单个平台可以准确感知到相互之间的距离、速度和位置关系，也可以快速识别目标威胁的性质、大小、轻重缓急，以及离自身与友邻平台的距离远近。在事先制定好作战规则的前提下，可以让一人或数个平台按照目标威胁的优先级，进行同时攻击和分波次攻击，也可以分组同时攻击、多次攻击，还可以明确某个平台一旦受损后，后续平台的优先替补顺序，最终达到按照事先约定好的作战规则自主决策、自主行动。这种智能化作战行动，可以根据人的参与程度和关键节点把关程度，既可以完全交给群体自主行动，也可以实施有人干预下的半自主行动。

（四）决策优势

未来战场环境日趋复杂，作战双方是在激烈的博弈和对抗中较量的。因此，快速变化的环境和威胁，靠人在高强度对抗环境下参与决策，时间上来不及，决策质量也不可靠。因此，只有交给协同群进行自动环境适应，自动目标和威胁识别，自主决策和协同行动，才能快速地攻击对手或者实施有效防卫，取得战场优势和主动权。

第三节 "跨域渗透战"

克劳塞维茨指出："战争绝不是孤立的行为"，"相互影响和相互作用的本质导致了不可预知性"。从战争史可以看出，军事力量的触角延伸到哪里，哪里就成为人类新的战场。随着无人作战平台深度参与作战行动，既开辟或拓展了新的作战空间，又可以"穿越"作战空间的边界，实施跨域作战，衍生出全新的作战样式。

一、"跨域渗透战"的基本内涵

"跨域渗透战"可概况为：以物理域、信息域、认知域为综合行动空间，以洞悉缝隙、极地、深海、脑域等非传统作战空间为核心，以无人作战力量为行动主体，以跨域联合作战体系和智能化信息系统为基础支撑，发挥无人作战平台不惧死、长潜伏、多维域、不对称、轻足迹、高效益等优势，跨域融合、渗透潜伏、精准闪击、只取核心，达成预定作战目的。

"跨域渗透战"是目前正在深度变革的作战样式。随着无人平台的深度融入、"智力"提升、"算力"升级，逐步出现"规则有人、行动无人""有人设计、无人控制的无人作战"，即人类事先进行总体设计，明确各种作战环境条件下的自主行为与游戏规则，在行动实施阶段完全交由无人平台和机器人部队自主执行。主要包括三种样式。

一是物理域的渗透。在战争效能的发挥上，消灭"有生力量"一直是物理域作战的主题。但随着防护技术的发展，物理战的作战对象"发生偏转"，演变为打击"物体"而间接消灭"人体"。随着无人作战平台、人工智能技术的深度发展，精准消灭核心人员再次成为作战可能和核心。

二是生理域的渗透。面对瞬息万变的战争对垒、极端残酷的战场环境，无论是攻防对抗的战术行动，抑或军事谋略的制胜法则，皆需要"参战者"在任何时候都能摆脱个体生理因素的限制，这一点是任何传统的战士或指挥官都无法做到的。相较而言，人工智能最大的优点就是，它既不会受时间所限，也不会被情感左右，这就能弥补战士或指挥官在生理上的缺陷。

三是认知域的渗透。随着光遗传学、化学遗传学、电磁调控等技术的进一步发展，使精确操控人脑功能成为可能，有望开发出干扰和控制意识的全新武器装备。通过将定制的"精神炸弹"快速密集地"射向"目标群体，隐蔽达到影响心理、操纵其认知的目的。

二、"跨域渗透战"的应用场景

（一）新空间突袭

无人平台的深度运用，使物理空间的"外延内核"不断拓展，如同飞机、舰艇一样，开辟出了新的作战空间，即可外至临近空间、外太空，又内至深海、地心，还可进至极高、极远、极寒、极热、极微等极端条件等人类战斗员无法活动的高警戒、高维度、极端化、微缝隙空间，通过"高维打低维""新维打旧维""多维打少维"，产生强大的战力，彻底颠覆传统的作战体系。如随着纳米技术的发展创新，智能无人系统可设计成苍蝇、蚊蚁，甚至尘埃、落叶等，作战时可由大型仿生无人载具，如无人鸟、无人狗、无人鱼投送至目标区域附近，而后微型无人平台以自身动力、"智力"，群体性从警戒薄弱部位、管道、缝隙、窗户等洞隙空间接近目标，一击绝杀，或依令控制目标将使传统防卫防御体系完全失效。2006年，以色列本·古里安大学的研究人员和海法理工学院合作设计出一款2米长的蛇形机器人，该款机器人能够在狭窄的隧道内爬行，通过蛇形机器人头部的传感器与摄像机将采集到的情报报发至后方，也可放置炸药，有效清除躲藏在坚固地下掩体网络中的真主党战士。2016年，英国宣称成功研制出能驱动纳米机器人的引擎（纳米换能器），能够驱动在人体内行进的医疗机器人；同年，以色列通用机器人制造公司在"2016欧洲国际防务展"

上推出"多戈"机器人，能携带9毫米手枪，并可配备其他武器，还可转播双向声音指令，进行远程人质谈判。

微型机器人

（二）新潜伏袭击

利用无人自主武器能休眠、长待机、自适应、多维切换等特征，在敌重要航路、核心设施、关键设备、要害部位等提前预置，休眠待机，适时激活，猝然发起突击，令敌难以防范，快速达成作战目的。美军的"长蛇座"计划，设想平时通过核潜艇、大型运输船将"长蛇座"投送至重要海域，随后"长蛇座"潜伏待命，既能沉至海底一动不动，也可在水下巡逻预警，还可自动浮到水面利用太阳能充电，"自动"或"听令"激活，可发射多艘小型无人潜艇、无人机、水下鱼雷、

美军"长蛇座"
计划无人潜航器

对空对地导弹等，构成作战集群，实施跨域联合攻击，实现"无预警海空陆电一体战"。

（三）新认知对抗

"战争是迫使敌人服从我们意识的一种暴力行为"。[一]智能化无人系统的发展应用，使军队长期梦寐以求的直接让敌方意志屈服成为可能。微型智能无人平台可由隐形智能无人平台投送至敌最高决策者、核心军政人员、能对敌最高决策者的决策产生影响的重要人士、核心区等附近，而后在适当时机启动，通过大数据、微表情、脑机技术等，从视觉、听觉、触觉、味觉、嗅觉，到语言、情绪、思维、潜意识、梦境等，对重要人群实施间接或直接意识干预与认知影响，完成人类无法完成的任务。2007年11月，发生了一件十分离奇的事情，屡屡与美军和伊拉克安全部队发生冲突的萨德尔武装"圣城革命旅"神秘地集体弃械逃亡，230余名武装人员弃守哨卡、据点和阵地，丢盔弃甲，一夜之间"人间蒸发"，逃得无影无踪。事后美国《华盛顿邮报》披露，他们使用了美国莫利斯公司研制的控脑武器，从原理上讲，其"撒手锏"就是使人致幻，让敌军士兵在外界信号的指引下，做出违背己方利益的行动，如放下武器、投降等。2018年，美国陆战研究所声称，在人工智能的辅助下，利用算法生成内容、实施个性化的目标锁定和采集密集的信息传播组合，可形成"影响力机器"，实施认知作战，将产生指数级的影响。"影响力机器"在认知作战的战略层面，可以在机器学习的辅助下利用人群情感、偏见筛选，锁定那些心理最易受到影响的目标受众，然后将定制的"精神炸弹"快速密

[一] 克劳塞维茨.战争论第一卷［M］.中国人民解放军军事科学院，译.北京：商务印书馆，1982.

集地"射向"目标群体，达到影响心理、操纵其认知的目的。

对于脑控武器，贺福初院士曾断言："随着光遗传学、化学遗传学、电磁调控等技术的进一步发展，将实现对控制记忆的海马区、控制恐惧形成的杏仁核等特定脑区以及决策、情绪等功能神经环路的精准调控，使精确操控人脑功能成为可能，有望开发出干扰和控制意识的全新武器装备……控制脑方面，突破脑机接口、脑—脑通信、神经机器人等关键控制（我方协同控制，敌方逆向控制），掌控'制脑权'。"

同时，世界一些国家正在竞相发展脑防技术。一是屏蔽技术，就是利用新材料、新机理屏蔽体，有效实现对外界低频交流电磁场入侵的阻挡，防止敌方通过发射电磁波对己方人员大脑的控制。躲藏在几百米深的地下、水下，也可以有效屏蔽敌方实施的脑控攻击。二是削弱技术，如利用舒曼波发生器发出舒曼波，可以有效降低脑控攻击无线电与电磁波的干扰，并有助于人放松身心，增强对脑控攻击的防御能力。三是思维训练技术，即通过系统、专业的思维训练，强化形象思维能力和直觉能力，减少易遭脑控攻击的潜意识、逻辑推理等思维模式，提升大脑抗干扰、抗攻击能力。早在 1995 年，日本专利局就发布了一项可用于阻止脑控的专利技术。该技术主要通过侦收、分析窃听电波引起的共振信号，从而发现认知窃听行为，并向被窃听对象发出预警，根据需要发出杂波干扰。

三、"跨域渗透战"的主要优势

（一）非对称、效益大

跨域精确战有形空间以极高、极深为主，无形空间以网络、认知领域为主，后出现的作战空间总是对之前的作战空间具有天然的控制优势；作战则充分利用交战空间的不对等性，注重以对抗机制上的相生相克形成"势差"，以求得"四两拨千斤"之巧；目标则只取节点、核心，产生强大的作战效能。

（二）目标小、难发现

比如微型化隐身机器人，雷达和声呐很难发现。美国在"蜻蜓"中嵌入"光极"芯片的混合无人机，更小更轻更隐秘，续航时间高达几个月。美军专门设置了"近距独立微型机器人"项目，针对当前毫米级微型机器人依靠线缆获取能源、控制与处理能力的问题，综合利用人工智能、微机电、低功耗传感器等技术，研发无须线缆就能够在危险环境中独立执行救援任务的微型机器人。

（三）对抗难，代价高

比如甲虫大小的微型无人机，只要扫描到人脸景象，经数据分析和确定即可直接撞向目标头部，携带的弹药足以穿透大脑。2017年底举行的联合国特定常规武器会议上，播放了一部微电影。影片中，人类发明了"机器杀人蜂"，它能自己"飞行"，也可以随机运动，用来反狙击，能够在瞬间杀死一群人。它自带广角摄像头、传感器、面部识别，且在其中部，还有3克炸药，一击即中，极端致命。

（四）造价低、破坏大

未来运用智能化武器极限作战，具有核武器的威力，特别是自动生产，极大体量的智能化武器装备，极低成本、极度灵活的机器人。美军在阿富汗、伊拉克等地区实施的扫雷、排爆、侦毒、监视、游猎等极限空间任务绝大部分是由机器人、无人机完成；以色列已使用武装机器人在加沙边界地带巡逻。

第四节 "赛博闪击战"

"赛博闪击战"主要是相较于物理空间常规的火力打击、兵力行动而言的，主要在赛博空间完成作战行动，这是目前正在融合发展的作战样式。智能无人平台深度参加作战实践，使赛博空间地位作用直线上升，成为一个独立、复杂的战场，逐步与传统物理空间并驾齐驱，成为新的主战场。

一、赛博空间的构成

赛博空间一词最早出现在 1982 年的加拿大科幻小说《全息玫瑰碎片》中，该小说描述了网络与人的意识融为一体的网络空间。赛博空间（Cyberspace），最初是哲学和计算机领域中的一个抽象概念，主要是指在计算机和计算机网络里的虚拟现实环境。美军对其的定义是：信息环境中的全球域，由相互关联的信息技术基础系统网络组成，包括互联网、电信网、计算机系统以及嵌入式处理器和控制器等。军事术语中的赛博空间被赋予了下列特定的含义：一是连接各种信息技术基础设施的网络；二是具有时域、空域、频域和能域特征的领域；三是训练有素的人发挥着关键控制作用的虚拟环境。

赛博空间作战指的是赛博能力的使用，其主要目的是利用先进的技术和手段，在赛博空间，或者通过赛博空间达到军事目的和实现军事效果。与传统的作战样式相比，赛博空间作战有如下几个特点：一是作战力量的广泛性。任何具备信息系统专门知识和技能的人都可以实施赛博战，这个领域的作战不再仅限于军人。二是作战手段的知识性。作战人员不再操作枪炮等传统的武器装备，需要利用丰富的信息技术知识，完成各项作战任务，对作战人员的知识性要求提高。三是作战空间的广泛性。不再具有领土、领海、领空的限制，不再区分战场的"前方""后方"，作战空间空前广阔。四是作战时间的连续性。赛博战几乎不受气候、地理环境等自然条件影响，也不受白天黑夜的时间影响，可随时随地实施。五是作战过程的突变性。可以通过网络及赛博空间，在很短时间内完成对敌方系统攻击，破坏其科技、军事、经济、文化等系统，使作战态势发生突变。

随着新技术的发展，赛博空间的构成也在不断拓展，目前来看，主要包括四个方面：一是系统域，包括赛博空间的技术基础、基础设施及体系结构和相应的软硬件；二是内容与应用域，包括位于赛博空间的信息库以及访问和处理这些信息的机制等；三是人与社会域，包括人与人之间的交流、人与信息的交互等；四是治理域，覆盖赛博空间的各个方面，包括系统域的技术范围，内容与应用域的交换规定上，还包括各类人和社会域相关的法律体系。

二、"赛博闪击战"主要战场与应用场景

（一）网络战场

网络空间是人与社会普遍联系的虚拟空间，具有普遍感知、传播迅速、瞬时联动、涌现井喷等非线性突变效应，战时和应急情况条件下，通过对网络空间心理战体系的整体设计和有效运用，对敌作战体系重心目标开展网络心理战，巧妙引导舆情，实施针对性的敏感信息"爆料"等方式，容易造成舆情转向、心理失控、社会动荡，其所发挥的作用是火力战行动和信息战行动无法完全替代的，在特定条件下对战争的胜败起到至关重要的作用。斯诺登曝光了美国使用的 11 类 49 项网络

侦察目录，"震网"病毒破坏伊朗核设施、"高斯"病毒群体性入侵中东有关国家、"古巴推特网"控制大众舆情等，表明美国已具备对互联网、封闭网络、无线移动网络的强大监控能力、软硬攻击能力。

网络战场的作战场景也越来越丰富。一是获取情报信息。2012年，现身于伊朗、以色列等中东国家的"火焰"病毒，集截取屏幕画面、记录音频对话、截获键盘输入、偷开蓝牙设备等多种数据盗取功能于一身，成为专门窃取机密情报的"电子间谍"，显示出网络空间情报活动的新动向。二是策应政治外交。2017年，黑客入侵卡塔尔通讯社旗下网站，并刊载伪造的"卡国元首的负面讲话"，成为导致沙特、埃及等8国宣布与卡断交的直接导火索。2019年，美对委内瑞拉电力系统实施网络攻击并引发委全国范围内大规模断电，意图激化委国内矛盾，恶化委国内局势以推翻马杜罗政府。三是配合军事行动。2007年，以色列使用美"舒特系统"，将编造的数据输入叙利亚防空雷达网，迅速使叙防空系统失效，而后以空军10余架非隐身战斗机突入叙领空，轰炸疑似核设施后，原路返航，全程未受到叙军任何还击，被认为是网络战与常规战的完美结合。四是攻击关键设施。2008年8月，俄格冲突爆发，俄发起了全面的"蜂群"式网络阻瘫攻击，导致格电视媒体、金融和交通瘫痪，政府机构陷入混乱，物流和通信网络崩溃，战争潜力被严重削弱。2010年，美以联手打造的"震网"病毒，一举摧毁伊朗1000台离心机，使伊朗的核计划倒退两年。

（二）电磁战场

智能作战平台"共享态势、分散布势、效能聚优、自主行动"，高度依无线通联系统，电磁战场自然成为智能化战争中重点攻防的领域。"舒特"计划，是美空军为压制敌防空能力而提出的，利用非对称式作战理论破坏敌防空系统，核心目标是入侵敌方通信、雷达以及计算机等网电系统。在战争中，"舒特"攻击可通过远程无线电入侵敌方防空预警系统、通信系统的计算机网络，进而攻击瘫痪敌方防空体系；或者攻击敌方可用的电子系统和网络系统，突破敌方的网络封锁，之后运用相应的专业算法（主要是"木马"病毒）侵入敌方雷达或网络系统，监视或窃取相关信息，让敌方的作战计划、兵力部署和武器装备的重要信息泄露，进而有助于己方调整作战计划、作战结构和武器配比，以最小的代价获得最大的收益。

同时，基于电磁能量的芯片对抗也越发重要，它不以直接杀伤摧毁智能化作战平台为手段，而是运用电磁能量，干扰、压制、阻断、烧伤嵌入智能化作战平台的电子芯片，使智能化作战平台的"大脑"和"神经"失去"供血机制"，继而失去反击和作战能力，变成"聋子""瞎子""傻子"，与废铁无异，建构在"万物互联、硅基觉醒"基础上的智能化作战体系也因此土崩瓦解。智能时代的芯片对抗手段，主要有：电磁脉冲武器，将爆炸瞬间产生的巨大能量转换为电磁能量发射出去，杀伤破坏智能化装备电子芯片；激光武器，向目标定向发射激光束，利用激光产生的热能及在目标周围产生的次生电磁场，毁伤芯片；粒子束武器，以光速或近光速向目标集束发射质子、中子等定向粒子强流，在目标周围产生强大电磁场和射线，烧伤破坏芯片。

（三）虚拟战场

由于虚拟仿真、混合现实、智能软件的应用和发展，通过建立一个"平行"军事人工系统，使物理空间的实体部队与虚拟空间的虚拟部队相互映射、相互迭代，可以在虚拟空间里解决物理空间难以实现的快速、高强度对抗和超计算，可以与高仿真的"蓝军系统"进行高强度、多频次的对抗博弈，积累巨量数据，建立算法模型，更可直接将虚拟空间的作战经验、最优方案"导入"实体平台，达到虚实互动、以虚制实、以虚制胜的目的。

在作战运用中，会形成 3 种情况：①虚拟训练，物理对决。这是最常见的形式，就是在虚拟战场，按照实际方案完成训练后，直接组织物理交互对抗，目前美军多个混合现实系统已具备上述能力。②虚拟威慑，实体承认。就是将综合威慑行动在虚拟世界模拟出来，通过视觉效果推送出来，直接威慑敌对方，达成以往兵力前推、火力试射等物理空间行动才能达成的效果。③虚拟对抗，实体结束。由于高仿真、高精准的虚拟对抗，基本与实体交互结果相当，虚拟获胜方，可直接获得实体方的承认，达成实际交战的作战目的。

（四）新生态战场

无人平台逐步成熟，从辅助人作战转向代替人作战，人更加退居后台，人与武器逐渐物理脱离，无人平台逐步具备自学习、自对抗、自修复、自演进等能力，成为一个可进化的类生态和博弈系统；同时人类运用基因改良、外骨骼系统、脑机接口、药物增强等技术手段，打造出能力远超普通人类的"超级士兵"，这类群体成为一个特殊的人机综合体类生态。敌对双方不同的认知、作战理念延伸至智能无人系统、"超级士兵"，使得"人与机器""机器与机器""超级士兵与普通人群"均可能产生差异性碰撞，产生全新的、更加复杂的斗争对抗形式，彻底颠覆我们的认知。美国特种作战司令部正专注于"超能战士"概念，为特种部队在对抗未来对手时提供认知优势。特种作战司令部将"超能战士"定义为特战队员，通过数据处理模块、自适应传感器、可扩展通信、边缘计算等技术手段增强其边缘认知以及其态势感知能力，并减少认知负担，加强特种作战队员的单兵能力。"超强战士"计划的目标是"在正确的时间向正确的人提供的信息"，快速有效地预测和行动，同时利用特种作战部队的分散灵活性，对敌人采取果断打击[一]。2020年，美国"菲多尔"持枪机器人，抱着机器狗脱离攻击人群的视频虽最终证实为伪造，但表明新的"人与机器""机器与机器"复杂对抗形态已进入战争的视野，值得高度关注。

军用机器人战队

三、赛博战场的发展趋势

（一）日益重视，各国大力发展

随着各国认识的深化，发展赛博能力、打赢赛博战争已成为各国谋取军事优势，制胜未来战争的重要一环。2015年，美军根据某"伊斯兰国"极端组织成员在网上发表的评论和照片，通过大数据分析、侦察定位，最后在22小时内摧毁了他们的一个指挥所。目前，美国已经成立赛博空间司令部，组建赛博空间作战部队，深化作战理论研

───────────
[一] 美国国防部系统信息分析中心，2019.12.31。

究，初步具备了的赛博空间作战能力。其他国家也相继开启赛博竞赛，法国为加强赛博空间作战能力，成立新的信息系统安全局。英国政府发布了《国家散播安全战略》，宣布成立赛博安全办公室和赛博安全行动中心。日本组建了一支主要由计算机专家组成的赛博战部队，可见赛博空间作战引起了越来越多国家的兴趣。

（二）技术融合，提升作战能力

随着新技术的突破，大数据技术、5G 技术、人工智能技术可以运用于赛博空间作战。大数据技术可存储大量数据，收集类型繁杂的数据，并可以快速计算、获取有用信息，能使赛博空间战的各个环节的执行速度加快，并能执行得更准确。5G 技术则拥有低延迟、高传输和大容量的特点，使得赛博空间战在全球环境、多领域协同作战下更具威胁性。另外，可利用人工智能深度学习、推理等能力模拟赛博空间战，在此过程中找出己方武器系统的弱点等并进行改进，通过将这些技术的深度融合，将赛博空间打造成一个智能化、高传输、精确化的网络环境，可为未来的信息化联合作战打造智能大脑，掌握未来作战主动权。

（三）跨域协同，推动联合作战

跨域运用信息化联合作战，实质上是在地理空间部署的基础上，通过建立稳定高效的赛博空间信息活动态势，共同达成作战目的的一种全新的作战形态。联合的各部队在信息方面实现高度共享和深度融合，以增强实时态势感知能力、提高指挥效率、提升一体化作战效能。赛博能力不仅可以服务于单一军兵种或部队，也可优先保障战略级目标，以全局的高度统筹计划组织赛博战、诸兵种作战，以及规划陆、海、空、天各维的赛博战目标。未来战争将是智能化、体系化的战争，"联合信息环境"正是实现"跨域协同"、构建"全球一体化作战"能力的战略举措。随着技术的不断完善与发展，赛博空间作战将成为一个核心作战域之一，将极大提升未来体系化作战效能，为谋取信息优势、夺取战争胜利提供重要支撑。

上述 4 种作战样式，只是初步探索与研究。由于作战行动的连贯性、战场环境的全维性、交互对抗的跨域性、事物发展的延续性，使得作战样式难以真正划分开来。4 种作战样式在某些方面本身有交叉，划分方法在某些方面也不一致，希望读者理解。

第四章
无人平台及反无人平台

技术进步就如同病态犯人手中的一把利斧。

——阿尔伯特·爱因斯坦

美国军事理论家彼得·辛格曾这样说："5000年来，战争一直是人类的独角戏，而现在，这个局面已经结束了。"从战争形态的演变看，当"机械技术"走入战场时，它催生了飞机、坦克、大炮、战舰、潜艇等机械化作战装备；当"信息技术"走入战场时，它催生了导弹、精确制导炸弹、远程通信等信息化作战装备；而当"人工智能技术"走入战场时，它催生了军用机器人、无人机、无人车、无人船、无人潜航器等智能化作战装备。

第一节　空中无人平台

空中无人系统可能担负的任务包括：一是情报、侦察和监视；二是对地火力打击；三是反辐射攻击、电子对抗；四是制空作战、反潜反舰作战；五是目标指示、效果评估、通信中继和战场测绘。按照最大起飞重量、标准飞行高度和速度3项参数，可将空中无人机系统大致分为5类。

空中无人机系统分类

分类	重量 / kg	飞行高度 / m	速度 / (km/h)	代表机型
1类	<9	<365	185	大乌鸦（美）
2类	9~25	<1067	<460	扫描鹰（美）
3类	<600	<5500	<460	影子（美）
4类	>600	<5500	速度可调	火力侦察兵（美）
5类	>600	>5500	速度可调	全球鹰（美）

一、美国

（一）RQ-4"全球鹰"无人机

RQ-4"全球鹰"无人侦察机是美国诺斯罗普·格鲁曼公司研制的高空大型长航时战略无人侦察机，主要用于执行高空、远程和长航时连续监视任务。可携带光电/红外传感器、合成孔径雷达（SAR）、信号情报侦察装置和威胁报警接收机等载荷。

装备性能参数

长/高	13.5m/4.6m
翼展	35.4m
最大起飞重量	11.61t
最大升限	20000m
最大航程	26000km
最大速度	740km/h

（二）RQ-1/米Q-1"捕食者"无人侦察/攻击机

RQ-1/米Q-1无人侦察/攻击机又称"捕食者"无人机，是一款中空长航时无人机，主要担负战区级战场侦察监视、目标指示、电子战、通信中继和信号情报截收等任务。可携带合成孔径雷达（SAR）、电子战设备、通信中继、光学/红外成像传感器、激光指示器和情报信息等载荷；AGM-114"海尔法"导弹、GBU-44/B"蝰蛇攻击"精确制导炸弹等武器。

装备性能参数

长/高	8.22m/2.1m
翼展	14.8m
最大起飞重量	1.02t
最大升限	7620m
最大航程	3705km
最大速度	240km/h
续航时间	60h

（三）MQ-9"死神"无人机

MQ-9"死神"无人机是通用原子航空系统公司研制的一种中高空、长航时、遥控无人驾驶航空器，主要担负侦察和对地面移动目标打击任务。可携带高分辨率合成孔径雷达、光电照相机、中波红外传感器及激光测距仪和激光目标指示器等载荷。

装备性能参数

长/高	11m/3.8m
翼展	20m
最大起飞重量	4.76t
最大升限	15000m
作战半径	1852km
最大速度	460km/h
续航时间	28h

（四）RQ-2"先锋"无人机

RQ-2"先锋"无人机由美国AAI公司和以色列飞机工业公司联合开发，主要担负炮兵定位和效果评估，近距离空中支援、侦察和监视等任务。可携带昼夜传感器等载荷。

装备性能参数	
长/高	4.27m/1m
翼展	5.2m
最大起飞重量	0.204t
最大升限	4600m
最大航程	185km
最大速度	120km/h
续航时间	≤ 4h

（五）RQ-7型"影子"无人机

RQ-7型"影子"无人机是美国AAI公司研制的一款轻型侦察无人机，主要担负战役战术级的侦察、监视、电子作战和通信中继等任务。可携带可见光、红外、激光测距、激光照射于一体的昼夜光电侦察设备、通信中继等载荷。

装备性能参数	
长/高	3.4m/1m
翼展	4.3m
最大起飞重量	0.17t
实用升限	4572m
最大航程	109km
最大速度	204km/h

（六）RQ-11"大乌鸦"无人机

RQ-11"大乌鸦"无人机是美国航宇环境公司研制的一款近程小型无人机，为营以下分队提供侦察。可携带可见光、红外、激光照明于一体的昼夜光电侦察载荷。

装备性能参数	
长	1.09m
翼展	1.3m
续航时间	1.5h
最大起飞重量	0.00191t
最大升限	4572m
作战半径	10km
最大速度	90km/h

（七）RQ-20"美洲狮"

RQ-20"美洲狮"是美国航空环境公司研制的一款小型近程无人机，为营以下分队提供侦察。可携带可见光、红外、激光照明于一体的昼夜光电侦察载荷。

装备性能参数	
长	1.4m
翼展	2.8m
最大起飞重量	0.0059t
实用升限	3000m
最大航程	15km
最大速度	83km/h

（八）SBS 微型无人机

SBS微型无人机主要用于战场侦察，可携带可见光/红外侦察载荷。无人机只有手掌大小，操作员只需向某个方向简单移动就能操控飞机。

装备性能参数	
最大航程	10m
最大升限	3657m
续航时间	30min

（九）RQ-21"黑杰克"无人机

RQ-21"黑杰克"无人机是美国波音公司研制的小型战术无人机，主要担负海军陆战队战术侦察。可携带合成孔径雷达、激光指示器、光电相机和短波红外成像器。

装备性能参数	
长	2.5m
翼展	4.8m
最大起飞重量	0.061t
最大升限	5943.6m
作战半径	83km
最大速度	167.4km/h
续航时间	24h

（十）MQ-25"黄貂鱼"无人机

MQ-25"黄貂鱼"无人机是波音公司研制的一款空中加油无人机，主要担负舰载机空中加油任务，可为 4 至 6 架战机提供加油任务，可使舰载战斗机有效打击范围增加 550~740 千米。

装备性能参数	
最大起飞重量	20t
可携带油料量	≤ 6.8t
有效加油范围	930km

（十一）RQ-170"前哨"无人机

RQ-170"前哨"无人机是洛克希德·马丁公司研制的一款长航时隐身无人机，主要担负战略情报收集任务。可携带光电/红外传感器和有源电子扫描阵列雷达。

装备性能参数	
长/高	4.5m/2m
翼展	20m
最大起飞重量	3.856t
最大升限	15240m

（十二）RQ-180"白蝙蝠"无人机

RQ-180"白蝙蝠"无人机是诺斯罗普·格鲁曼公司研制的一款长航时隐身无人机，主要担负战略情报搜集、监视、侦察和电子攻击任务。可携带有源电子扫描阵列雷达、无源电子监视系统和电子对抗系统。

装备性能参数	
长	21m
翼展	62m
最大起飞重量	0.051t
最大升限	20000m
最大航程	33000km
续航时间	50h

（十三）RQ-8 型"火力侦察兵"无人机

RQ-8 型"火力侦察兵"无人机，主要担负战术级侦察、态势感知、空中火力支援和目标指示等任务。A 型可携带光电传感器、红外摄像机以及激光测距机等载荷；B 型可携带光电传感器、红外摄像机、激光测距仪、水雷探测和合成孔径雷达。

装备性能参数	
长 / 高	6.97m/ 2.87m
翼展	8.38m
最大起飞重量	1.157t
重量	661kg
最大航程	639km
最快速度	213km/h

（十四）CQ-10"雪雁"无人机

CQ-10"雪雁"无人机是一款货物配送无人机，主要担负为特种部队提供近距离小货物（弹药）运输任务，共6个载物舱，可从空中的C-130、C-141等运输机上发射，也可从"悍马"车上发射。

装备性能参数	
最大载荷	272kg
最大航程	300km
最大升限	5500m
续航时间	20h

（十五）RQ-14"龙眼"无人机

RQ-14"龙眼"无人机是美国海军研究实验室和海军陆战队作战实验室共同研制的一款小型侦察微型无人机，由螺旋桨推进，发动机噪声极低，不易被发现，主要担负战术级侦察任务。可携带昼夜间传感器等载荷。

装备性能参数	
长	0.9m
翼展	1.1m
重量	2.7kg
最大航程	10km
实用升限	150m
巡航速度	65km/h

（十六）RQ-16"蜘蛛鹰"无人机

RQ-16"蜘蛛鹰"无人机是美国霍尼韦尔国防和太空电子系统公司研制的一款小型无人机，主要担负美军排级战术侦察任务。

装备性能参数	
设计结构	涵道风扇式
最大起飞重量	8.39kg
侦观手段	光电、红外

（十七）"箭矢"系留无人机

"箭矢"系留无人机是一款系留无人机，主要担负战场情报侦察、监控任务，能够搭载 6.8 千克视频监视或信号情报设备，全机采用电力驱动，由系留电缆供电。

装备性能参数	
设计结构	共轴旋翼式
最大载重	6.8kg
最大升限	244m
留空时间	10h
供能方式	电力驱动

（十八）Hover Lite"悬明灯"系留无人机

Hover Lite"悬明灯"系留无人机是一款系留无人机，主要担负战场情报侦察、监控、通信中继任务，可携带可见光红外二合一侦察监控以及通信中继载荷，也可携带安装在万向节上的光电传感器，从而提供 360 度视野。

装备性能参数

设计结构	涵道风扇式
实用升限	50.29m
留空时间	20h

（十九）PARC 系留无人机

PARC 系留无人机由 CyPhy Works 公司开发研制，主要担负空中侦察和通信中继等任务，具有 30 倍高性能光学变焦，通过微丝系留系统可以达到 7 天留空时间。

装备性能参数

设计结构	六旋翼式
有效载荷	2.7kg
留空时间	≤ 7d
实用升限	122m

二、俄罗斯

（一）UAV "副翼" 无人机

UAV "副翼" 无人机是俄罗斯 ENIKS 公司研发的短程侦察无人机，主要担负空中侦察任务，可携带数码相机和红外相机，对建筑物、战斗设施、单兵等地面目标进行精确定位。

装备性能参数	
最大起飞重量	2.8kg
最大速度	105km/h
实用升限	3000m
最大续航时间	1.5h
信息传输距离	≤ 25km

（二）"检查员"无人机

"检查员"无人机是俄罗斯JSCAerocon研发的超轻型遥感无人机，主要担负城市战中侦察任务。可携带全景摄像机或数码相机。

装备性能参数	
最大起飞重量	1.8kg
最大速度	95km/h
实用升限	1000m
最大续航时间	1h
信息传输距离	≤ 15km

（三）"猎户座"无人机

"猎户座"无人机是一款中程长航时无人机，主要担负对特定区域的光学、雷达和无线电信号侦察任务。可携带高分辨率数字航拍系统、紧凑型多功能雷达系统、电子情报设备和光电系统；可携带制导炸弹 KAB-20、KAB-50，或引导滑翔炸弹 UPAB-50，或自由落体炸弹 FAB-50，或飞机制导导弹 X-50。

装备性能参数	
长	8m
翼展	16m
最大起飞重量	1.2t
巡航速度	120km/h
最大升限	8000m
有效载荷	250kg
留空时间	≤ 24h

（四）Irkut-200"伊尔库特"无人机

Irkut-200"伊尔库特"无人机是俄罗斯 Irkut 公司研制一款长航时多用途无人机，主要担负特点区域侦察和货物运输任务，可携带光学/红外照相机或摄像机。

装备性能参数	
最大速度	210km/h
实用升限	3500m
有效载荷	50kg
最大航程	200km
续航时间	12h

（五）Pchela-1T"蜜粉"无人机

Pchela-1T"蜜粉"无人机是苏联设计研制、俄罗斯生产的一款短程无人机，主要担负向直升机提供侦察和目标指示任务。可携带全天候光学侦察和热成像载荷。

装备性能参数	
作战半径	60km
续航时间	2h
发射方式	轨道发射台

（六）Dozor-600无人机

Dozor-600无人机是俄罗斯Transas公司研制的一款长航时察打一体无人机，主要担负战役战术级侦察打击任务，可携带合成孔径雷达、光学热成像仪、相机、气体分析仪、激光雷达和扫描仪等载荷。携带武器不详。

装备性能参数	
最大起飞重量	0.64t
最大航程	3500km
巡航速度	150km/h
留空时间	≤ 6h
续航时间	≤ 24h
定位精度	≤ 30m

（七）Ka-37"嘉"无人机

Ka-37"嘉"无人机是俄罗斯卡莫夫公司研制的一款多用途无人直升机，采用共轴双旋翼结构，主要担负侦察、通信中继和运输任务。可携带航空摄影、辐射传感器和信号中转设备等载荷。

装备性能参数	
旋翼直径	5.3m
重量	200kg
有效载荷	80kg
最大升限	5000m
最大速度	175km/h
最大续航时间	4h

（八）MikoyanSkat 无人机

MikoyanSkat 无人机是俄罗斯米高扬设计局研制的一款长航时隐身攻击无人机，主要担负压制和攻击敌方防空系统任务。

装备性能参数	
长	9.4m
翼展	18m
重量	1.65t
最大载荷	350kg
巡航速度	240km/h
实用升限	10000m
最大续航时间	26h

三、以色列

（一）HerMes-450 无人机

HerMes-450 无人机是以色列埃尔比特公司研制的一款多用途无人机，主要担负侦察、监视、通行中继、目标指示和电子战等任务。可携带光电 / 红外传感器、通信中继器、合成孔径雷达、地面移动目标指示器和电子战等载荷。

装备性能参数	
翼展	20m
重量	20t
巡航速度	100km/h
有效载荷	2t

（二）"云雀"无人机

"云雀"无人机是以色列埃尔比特公司研制的一款微型无人机，主要担负战术级战场监视、侦察任务。可携带昼夜间光学传感器和红外探测器，主要使用榴弹筒进行发射。

装备性能参数	
翼展	1.5m
重量	4.54t
最大航程	10km
最大起飞重量	0.045t
最大留空时间	1h

（三）航空防卫轨道器

航空防卫轨道器是以色列 ADS 公司研制的一款近程侦察无人机，飞机采用无尾设计，可携带光电 / 红外传感器，主要担负城镇作战中的侦察和近距离支援任务，可在 150~610 米高度留空 90 分钟，必要时可携带 2 千克高爆炸药作为自杀式无人机使用。

装备性能参数	
巡航速度	25~65km
最大起飞重量	0.0065t
最大升限	4600m
留空时间	1.5h
有效载荷	2kg

（四）"哈比"反辐射无人机

可从卡车上发射，对敌雷达系统进行自主攻击。配备有反雷达感应器和一枚炸弹，接收到敌人雷达探测时，可以自主对雷达进行攻击，因此被称为"空中女妖"和"雷达杀手"。

装备性能参数	
长	2.7m
翼展	2.1m
重量	135kg
最大速度	185km/h
最大升限	3000m
最大航程	500km

（五）"苍鹭"长航时无人侦察机

主要用于实时监视、电子侦察和干扰、通信中继和海上巡逻等任务。可携带光电／红外雷达等侦察设备进行搜索、探测和识别，进行电子战和海上作战。

装备性能参数	
长 / 高	8.5m/2.3m
翼展	16.6m
最大起飞重量	1.1t
最大速度	240km/h
实用升限	10668m
最大航程	250km
续航时间	50h

第二节　地面无人平台

地面无人平台的任务包括：一是战场抵近侦察监视；二是精确引导与毁伤评估；三是潜行突袭与定点清剿；四是通信中继和电子干扰；五是警戒安全、扫雷破障和物资输送等。

一、美国

（一）未来战斗系统（FCS）

由美国国防部提出，2009 年 4 月国防部宣布取消 FCS 中有人地面作战平台项目，保留地面无人作战平台项目的研究。FCS 地面无人作战平台的初步目标是实现半自主，远期目标是采用车载智能系统实现完全自主。它包括三类车辆：

1. 小型地面无人车辆（SUGV）

小型地面无人车辆是一种轻型便携式系统，由电池驱动，能够在城区地形、隧道、下水道和洞穴中执行任务。目前装备的有效载荷主要包括操纵臂、光缆、光电 / 红外传感器、激光测距机、激光目标指示器和化学 / 辐射 / 核探测器等，未来还将配装地雷探测器和穿墙探测传感器等有效载荷。该车必须装备两套模块化轻型负载装备（MOLLE）组件，但目前设计仅允许装备一套 MOLLE 组件，辅助设备是由另一套 MOLLE 组件携带。

装备性能参数	
长 / 宽	610mm/520mm
重量	13.62kg
有效载荷	2.72kg
续航时间	6h

2. 多用途通用 / 后勤与装备车辆（MULE）

MULE 无人车是用于支援地面 / 空降突击作战的通用作战平台，采用柴油 / 电混合驱动。作战平台的每一个轮子都装备有独立的铰接式悬挂装置，使其能跨越障碍物，在复杂地形中穿行。包括 4 个重要部件：机动平台 / 通用底盘、自主导航系统、作战人员控制单元、3 种任务装备组件 / 变型车。

装备性能参数	
重量	2.5t
有效载荷	874kg
越障高度	91.4cm
越障宽度	1m

3. 武装机器人车辆（ARV）

有两种变型车：突击车和侦察、监视与目标捕获车，这两种车型采用通用底盘，可以装备 4 联装导弹发射架和 1 门 MK44 机关炮。

装备性能参数	
长 / 宽	4.24m/2.51m
重量	5.8t
最大速度	90km/h
最大行程	850km

（二）福斯特·米勒·塔隆无人车

福斯特·米勒·塔隆是美国 QinetiQ 公司研制的一款多用途小

型无人车，担负战场侦察、战斗和爆炸物排除等任务。可携带昼夜光学传感器、红外／夜视传感器等侦察载荷，还可携带 5.56 毫米 SAWM249 机枪、7.62 毫米 M240 机枪、M82 巴雷特步枪、六管装 40 毫米榴弹发射器、66 毫米 M202A1 燃烧性武器等。

装备性能参数

高	≤ 1m
供能模式	锂电池供电
续航时间	4h
射击精度	300m 外硬币

（三）魔爪军用地面无人平台

美国的魔爪军用地面无人平台目前被大量部署到阿富汗和伊拉克等地区，可代替人类执行危险物品移除等工作，有效降低人员处置危险物品的风险。它能够在不装备爆炸物处理装置（EOD）和战斗工程设备的情况下遥控拆除简易爆炸装置，载荷为 45 千克，可翻越最高 43 度的台阶、45 度的斜面、38 厘米深的雪地及拆迁废墟。

装备性能参数

宽／高	57.2cm/27.9cm
有效载荷	45kg
拖拽能力	77.11kg
牵引能力	340kg
最大速度	8km/h

（四）"马尔斯"机器人

"马尔斯"（MAARS）机器人是"模块化先进武装机器人技术系统"的简称。相对于早期的SWORDS系统，它的平台更大更有力量，可以携带M240B/G机关枪或者4个40毫米M203手榴弹发射装置。该机器人已在伊拉克战场进行实战评估。

装备性能参数	
长 / 宽 / 高	1m/0.7m/1.2m
重量	160kg
最大速度	11km/h
续航时间	4~12h
爬坡能力	40°

（五）沙蚤机器人系统

沙蚤（SandFlea）机器人由波士顿动力工程公司研发，该车是一种跳跃式机器人，成鞋盒状，通常采用4轮行驶，也能垂直跳跃。其跳跃能力是凭借1个集成的、向下喷火的助推装置并附着填二氧化碳的药筒，一次装药可使该车进行20~30次跳跃，能独立越过壕沟和障碍。

装备性能参数	
重量	4.5kg
跳跃高度	9m
跳跃次数	20~30

（六）角斗士机器人

角斗士机器人装备有 7.62 毫米机枪和 9 毫米冲锋枪，主要担负监视、侦察、攻击和破坏任务，使用混合动力，有电动机、柴油机和蓄电池。如果需要它悄无声息地行动，可以关闭柴油机，使用蓄电池的备用电源，保障完成特殊任务。

装备性能参数	
高	1.2m
重量	800kg
最大速度	26km/h
越障能力	1m 宽壕沟

（七）公牛（SMSS）无人车

SMSS 是班组支援无人平台，由洛克希德·马丁公司研制，可实现半自主控制以及遥控控制，其采用六轮独立驱动，具有全地形的适应能力，主要为伴随运输功能，同时可搭载相应的态势感知以及打击载荷，实现侦察、火力支援等任务。

装备性能参数	
长 / 宽 / 高	3.6m/1.8m/2.1m
重量	1.724t
最大载荷	544kg
最大速度	24km/h
最大行程	201km
越障能力	0.7m 宽壕沟

（八）锯齿机器人

锯齿机器人是一款无人地面战车，主要担负车队保护、目标保护、监视、营救、边境巡逻、人群控制和爆炸物处理任务，能装备5.56毫米口径或7.62毫米口径的机枪。锯齿机器人是以魔爪机器人作为底盘，并且加装了武器作战系统，武器系统的光瞄系统主要有4台摄像机、夜视传感器组成。无人平台以及直流电池为动力源，远程控制终端重量在13.6千克，可用同时实现遥控武器站以及平台本体控制。

装备性能参数	
高	1.8m
重量	4.1t
最大速度	96km/h
最大操控距离	1000m

（九）ABV 无人破障车

美国海军陆战队的 ABV 无人破障车是履带式战斗工程车，采用M1A1 坦克底盘，用于突破雷场和障碍物，提供快速前进破障能力。由于装备保密程度较高，具体性能参数不详。

装备性能参数	
重量	63t
	全宽扫雷犁
车辆破障设备	MK155 直列爆炸系统
	车辆遮蔽烟幕系统

（十）泰坦无人平台

泰坦无人平台由加拿大 Milrem 和 QNA 公司联合开发，采用混合动力，集成摄像机和红外热成像系统，可昼夜执行任务，由 QinetiQ 战术机器人控制器和机器人贴身套件控制。

装备性能参数	
重量	900kg
最大载荷	680kg
最大速度	24km/h
最大行程	100km
续航时间	72h

二、俄罗斯

（一）"乌兰"-6 型 MRTK-R 多功能无人扫雷车

"乌兰"-6 无人驾驶多功能扫雷系统结构紧凑，外观低矮，车头前方安装扫雷连枷，车顶安装有摄像头、天线等设备。自带的扫雷工具组件包括扫雷犁、推土铲、夹爪、叉车和机械臂等，同时还配备了不同类型的车载仪表以及 4 个全方位摄像头。

装备性能参数	
长 / 宽 / 高	4.6m/1.53m/1.5m
重量	5.31t
最大速度	15km/h
扫雷速度	1.26km/h
越障能力	0.3m 宽壕沟

（二）"乌兰"-14 型 MRTK-P 无人消防 / 扫雷车

"乌兰"-14 是一种专门针对具有生命危险的高危环境和交通不便地区研发的无人车系统。"乌兰"-14 的钢装甲主要应对防爆，车体前部仍保留有破障、清障工具，还可以临时执行扫雷无人车任务。

装备性能参数	
长 / 宽	3.8m/2.1m
空载重量	11t
战斗全重	14t
最大速度	12km/h
越障能力	0.4m 高墙

（三）"平台 -M" 机器人

"平台-M（Platform-M）"是一种最新式机器人作战系统，其设计目的是与敌人进行非接触性战斗。按照设计构想，该系统为多用途作战单元，既能充当侦察兵，也能巡逻并保护重要设施。凭借其武器装备，可用于火力支援。其武器制导系统可自动运行，无须人工操作。"平台-M"虽然体型很小，但威力强大，装有榴弹发射器和机枪系统。

装备性能参数	
长 / 高	1.6m/1.2m
重量	800kg
爬坡能力	≤ 25°
越障高度	≤ 21cm
最大操控距离	1500m

（四）"狼-2"移动机器人

"狼-2（Volk-2）"作战任务为与敌人非接触战斗。"狼-2"采用履带式底盘进行机动，具有较强的野外通过能力，可实现较为高速的野外机动能力；不配备乘员，在5千米内通过无线电频道控制，测试中完美地克服了泥泞路面。"狼"式装备有"卡拉什尼科夫"机关枪、"峭壁（Utes）"和"绞线（Kord）"重机枪，可在35千米的时速下开火。"狼-2"具有防护装甲，同时利用包含热成像仪、激光测距的光瞄系统实现对战场态势的侦察与跟踪，遥控武器站实现打击。

装备性能参数	
长/宽/高	3.7m/1.7m/1.4m
重量	980kg
最大速度	70km/h
最大行程	250km
续航时间	≤ 7d

第三节　水中无人平台

水中无人系统包括无人水面艇（USV）和无人潜航器（UUV）。其可担负任务包括：一是情报、侦察和监视；二是巡逻警戒；三是布雷、搜雷和猎雷；四是反潜作战；五是打击时敏目标；六是目标指示、效果评估、信息对抗和水面/水下中继通信；七是海洋环境监测；八是物资补给和深水救难等。

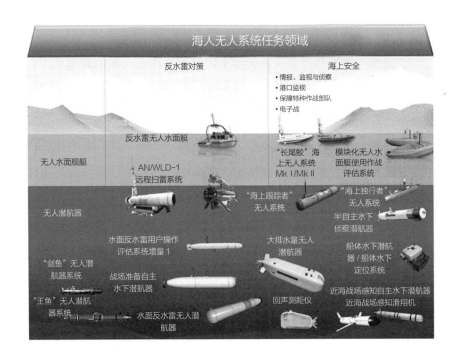

海人无人系统任务领域

反水雷对策

海上安全
- 情报、监视与侦察
- 港口监视
- 保障特种作战部队
- 电子战

无人水面舰艇

反水雷无人水面艇

"长尾鲛"海上无人系统 Mk I/Mk II

模块化无人水面艇使用作战评估系统

AN/WLD-1 远程扫雷系统

无人潜航器

"海上跟踪者"无人系统

"海上独行者"无人系统

半自主水下侦察潜航器

水面反水雷用户操作评估系统增量1

大排水量无人潜航器

船体水下潜航器/船体水下定位系统

"剑鱼"无人潜航器系统

战场准备自主水下潜航器

"王鱼"无人潜航器系统

回声测距仪

近海战场感知自主水下潜航器 近海战场感知滑翔机

水面反水雷无人潜航器

一、美国

（一）"海上猫头鹰"

"海上猫头鹰"是美海军开发水面无人艇的首次尝试。侦察装备包括前视和侧扫声呐、星光／日光／红外摄像机、激光测距仪等，可由长度 11 米以上的舰船携载、投放和回收。

装备性能参数	
舰长	3m
重量	500kg
最大航速	45 节
最大载荷	204kg
续航时间	24h

（二）"斯巴达侦察兵"

"斯巴达侦察兵"是美国近年来研制的水面无人艇的典型代表，海军陆战队用它执行远征后勤和再补给任务；特种部队用于水文调查，或其他侦察和欺骗任务；陆军认为该艇可以配备"地狱火"导弹等武器，执行精确打击任务，协助陆军在内陆湖泊地带作战。其具有遥控和自主运行两种模式，具备半自主能力，能够根据不同的任务需求更换任务模块。

该艇列装在濒海战斗舰上。濒海战斗舰携带配备反水雷模块的"斯巴达侦察兵"无人水面艇，以 11 米长的刚性充气艇为基础，执行远程布放、拖曳、回收猎雷声呐；清查航道，提供海底图像的细节；将视频图像和声呐数据传给反水雷舰，为反水雷舰艇进出港口提供港口护卫；以遥控或半自主的模式作业，并将数据实时传递出去。

装备性能参数	
舰长	11m
重量	1.674t
有效载荷	2360kg
最大航速	50 节
最大航程	150 海里
续航时间	48h

（三）三体无人快艇"X-2"号

美国海军新型三体无人快艇"X-2"号，能够配备雷达、声呐、摄像头、导航系统和防撞系统，还安装有先进的网络通信系统和情报侦察监视系统。可通过无线电和全球定位系统在数百千米外下达指令，指令接收只需 18 秒。

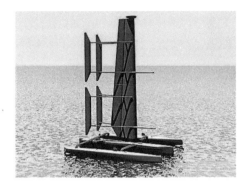

装备性能参数

舰长	15m
舰宽	12m
巡航速度	28~55 节
定位精度	≤ 3m
扛风浪等级	8 级

（四）"幽灵卫士"

"幽灵卫士"主要用于海上警戒和防护、运送货物、收集情报和海上监测等，可按预定程序自动行驶，并可随时更改航路。"幽灵卫士"可接收声音、图像资料，接收雷达、声呐数据，还可随时进行化学、生物、放射、光谱、光学和其他形式的自动化分析，具体参数不详。

装备性能参数

最大载荷	150kg
最大功率	266 马力

（五）"海狐"

"海狐"由美国西风海事公司研发，目前在美国海军中服役的主要有"海狐"米 K1 和米 K2 两型，其可搭载雷达、声呐、摄像机、目标跟踪与防抖软件系统、数字变焦红外照相机、数字变焦日光彩色照相机、导航照相机等。

装备性能参数	
视距通信距离	15 海里
与无人机通信距离	60 海里
最大通信距离	100 海里

二、以色列

（一）"保护者"

"保护者"以刚性充气艇为基础，喷水推进。其载荷主要包括导航雷达和"托普拉伊特"光学系统。"托普拉伊特"光学系统包括第三代前视红外摄像机、CCD摄像机、激光测距仪、关联跟踪器和激光指示器等。艇上装有12.7毫米机枪和30毫米舰炮，后续还将加装新型舰载导弹，可对付舰艇或直升机。

装备性能参数	
舰长	11m
最大速度	40 节
有效载荷	1t

（二）"银色马林鱼"

"银色马林鱼"使用巡航传感器及稳定系统进行精准航行和导航，以防止倾覆。它具有自适应的特点，能针对环境或任务的变化自动调节控制系统。

装备性能参数	
舰长	10.7m
重量	4t
有效载荷	2.5t
最大航速	45 节
最大航程	500 海里
续航时间	24h

（三）"海星"

"海星"是一种硬壳充气式水面无人艇，主要用于监视、侦察、反水雷战和电子战等。"海星"采用开放式体系结构，装有光电传感器、目标搜捕传感器、通信情报系统等，武器配置为一门带稳定装置的小口径舰炮，其水上操作可由陆基、海基甚至空基平台实施控制。据称，"海星"将是"保护者"的强劲竞争对手。

装备性能参数	
舰长 / 宽	11m/3.5m
最大航速	45 节
有效载荷	2.5t
最大航程	300 海里
续航时间	10h

（四）"黄貂鱼"

"黄貂鱼"水面无人艇在 2005 年土耳其国际防务展上首次公开亮相。该艇采用喷水推进，具有自主导航能力和定位能力，可由岸基平台或舰上控制台对其实施遥控。艇上装有多种探测传感设备（包括前视红外摄像机、电视摄像机、光电探测系统等），主要用于近岸情报侦察与监视、电子战和电子侦察等。

装备性能参数

最大航速	40 节
有效载荷	150kg
续航时间	8h

三、英国与法国

（一）"哨兵"

"哨兵"是英国奎奈蒂克公司生产的无人水面舰艇。可携带微波控制链、昼夜高分辨率照相机、声呐、雷达、可选的光电传感器、化学传感器和环境传感器,可用于执行海上监视、侦察、战损评估等任务。

装备性能参数

舰长	3.5m
舰宽	1.25m
最大航速	50 节
续航时间	6h

（二）FDS-3无人猎雷艇

法国的FDS-3无人猎雷艇采用柴油动力推进，通过舰载天线实施遥控，利用全球定位系统，按预定航线自主航行。曾参加过航道清扫、港口搜索等行动。

装备性能参数	
舰长	8.3m
重量	6.7t
最大航速	12 节
续航时间	20h

第四节　仿生机器人

简单地说，仿生机器人就是研究人员从自然界的生物体中受到启发，通过仿生技术模仿这些生物的外部结构或者功能，制造出兼具生物结构和功能特性的机器人系统。

仿生机器人是机器人领域中一个新兴的研究分支，是当前国内外学者研究的热点。相较于其他机器人，仿生机器人无论是自身结构还是控制过程都相对复杂，但由于其具备较强的灵活性和优异的适应性，故可承担复杂、危险和某些特定的任务。尤其是近些年，随着仿生技术的高速发展，仿生学在机器人领域的应用愈发广泛，这使得仿生机器人愈发智能化，也促使其从定点作业走向难度更大的军事应用领域。毋庸置疑，仿生机器人未来必将在军事领域中发挥不可替代的作用。

根据适用环境的不同，仿生机器人可分为水下仿生机器人、地面仿生机器人和空中仿生机器人；根据行走方式的不同，可分为跳跃仿生机器人、轮式仿生机器人、足式仿生机器人以及爬行仿生机器人等。

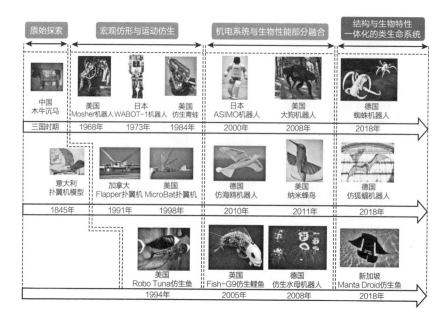

仿生机器人发展历程

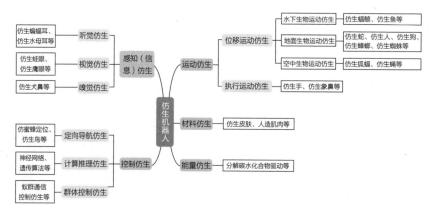

仿生机器人分类

一、典型仿生机器人

（一）地面仿生机器人

自然界中，陆生生物数量众多，其组织结构和运动方式各具特色。结合这些陆生生物独特的生理结构和运动方式，全球研究人员从仿生学角度出发，设计出一系列地面仿生机器人，用于替代人类执行地面侦察、探测、反恐以及生化放射等危险任务。

1. 仿蜘蛛机器人

2018 年 4 月，德国著名自动化技术厂商费斯托公司推出一款名为"Bionic Wheel Bot"的新型仿蜘蛛机器人，机器人身长约 55 厘米，模仿一种生活在摩洛哥沙漠中的蜘蛛生物，不仅能正常行走，还能蜷缩成球向前翻滚，甚至可以爬上 5 度左右的坡路。

Bionic Wheel Bot 使用 8 条腿中的 6 条走路，另外两条腿作为推腿并折叠在机器人腹下。在行走模式下，该机器人利用躯干前方、上方和后方的 6 条腿以三脚架步态推进，即每走一步，其中的 3 条腿着地，另外 3 条腿抬起向前移动，周而复始，完成前行。同时，Bionic Wheel Bot 还能完成转向动作，即通过躯干上方两条最长的腿着地，将身体上抬并转动至相应方向后继续以三脚架步态行走。在翻滚模式下，Bionic Wheel Bot 将躯干的 6 条腿分别向前方、上方和后方折叠，组成具有不同弧段的"车轮"，而在行走模式下折叠于腹下的两条腿展开并与地面接触，推动已变为球形的仿生蜘蛛翻滚。该机器人内置的惯性传感器能够实时掌握自身所处位置，实现连续翻滚。翻滚速度远高于行走速度。由于有较强的地形适应性和仿生性，该机器人有望应用于战场侦察、地形勘察等领域。

2. 仿人形机器人

2017 年 7 月，在俄罗斯先期研究基金会项目的支撑下，该国成功开发出一款仿人形机器人。该款机器人最初被命名为"阿凡达"，后改名为"费多尔"（Fedor）。

"费多尔"具备很多类似人的功能，例如，可单腿站立、做俯卧撑和越过障碍物等。此外，它还拥有灵活的手指，能在规定场景中操作仪器并完成许多精细的运动技能，如拧灯泡以及使用各种工具，将钥匙插入锁中、开门、开灯和开车、持手枪完成射击动作等。最重要的是，该机器人还具备一定的自主学习能力，可在狭窄的空间内自主行动，比如，创建一张建筑物的 3D 地图用于局部导航，以识别物体或障碍物。

"费多尔"可在高危地区取代人类工作，用于救援行动，能力扩

展后还能执行太空探索等任务，而且其射击能力在军事作战方面表现出巨大的应用潜力。

（二）水下仿生机器人

水下仿生机器人所处的环境特殊，在设计上较地面仿生机器人难度大，而且对各种技术的要求也高。正因如此，作为一个各种高科技的集成体，水下仿生机器人在军民等领域都呈现出广阔的应用前景和巨大的潜在价值。

1. "Manta Droid"

2017年11月，受可在水中敏捷游动的蝠鲼的启发，新加坡国立大学的研究人员开发出一款名为"Manta Droid"的水下仿生机器鱼。该机器鱼的腹部可以安装一系列传感器或其他有效载荷，"鱼鳍"由柔性PVC片制成，并装有电动马达，用于执行水下侦察、海洋资源勘探、海洋测绘等任务。

装备性能参数	
长 / 宽	35.5cm/63.5cm
重量	0.6kg
最大移速	0.7m/s
续航时间	10h

2. "SoFi"

美国麻省理工学院计算机科学与人工智能实验室于2018年3月开发出一种名为"SoFi"的仿生软体机器鱼。该机器鱼大小和行为与真鱼相似，可通过一个防水游戏手柄近距离控制，使其在产生最小破坏性的前提下近距离观察所有水下生物。当潜水员通过手柄控制器发出信号时，该仿生机器鱼可将高级别的方向性命令转化为可执行的3D轨迹。将油泵入该机器鱼尾部一侧后，其可实现弯曲转向；改变其尾部两侧油泵装置中油量的比例，可使鱼尾左右摆动，实现多种运动控制。

装备性能参数	
驱动频率	0.9~1.4Hz
最大速度	21cm/s
续航时间	40min

机器人专家将SoFi带到斐济岛的海洋中，在真实环境条件下对其进行评估，结果显示，该机器人能很好地融合到鱼群中，不会干扰鱼群的正常游动。

3."金枪鱼"

2018年8月，俄罗斯罗巴切夫斯基州立大学称，该校科学家已经完成一款"金枪鱼"水下仿生机器人的实验测试，并在俄罗斯"军队–2018"防务展期间展出。该款水下仿生机器鱼的最小尺寸约为1米，可根据不同任务将其尺寸增大到成年雌性鲨鱼大小。它的生物形态和特性是区别于传统探测仪的主要因素，这种特性使其在作业时能够对周围的生态环境产生最小影响。

"金枪鱼"是一个完全自主的水下平台，拥有多种传感器模块，可针对不同的作业任务进行改变，包括在指定水域的空间内进行监视、测量和记录相关参数。和现有探测器相比，该机器鱼更加灵活，操纵性更好，并且能够远距离水下通信。目前，这个项目正处于原型机开发阶段，但已在实验室条件下完成了测试。

（三）空中仿生机器人

相较于地面和水下仿生机器人，空中仿生机器人具有体积较小和运动灵活的特点，且活动空间广阔，不受地形限制，因此在军事侦察、灾害防御以及反恐等军民领域展现出极大的应用前景，也越来越受到世界大国的重视。

1."仿生狐蝠"

德国费斯托公司基于对狐蝠翅膀的独特研究，开发出一款仿生狐蝠无人机"Bionic Flying Fox"。该款空中仿生机器人外形十分轻巧，全身有 4.5 万个焊点，采用了以蜂巢结构编织的超级氨纶弹性纤维织物翼膜和碳纤维骨架，并且保持了空中生物敏捷性的特点，可模仿完成大多数飞行生物在高空中飞行的动作并可做稍许停留。

虽然"仿生狐蝠"空中机器人的起飞和着陆需要研究人员辅助，但是其能通过自动驾驶系统在空中自主规划飞行路线，并且在每次预定路线飞行完成后进行自主学习，以保飞行更加完美。

装备性能参数	
身长	87cm
翼展	228cm
重量	580g

2."机器蝇"

2018 年 5 月，美国华盛顿大学开发出一款采用独立襟翼的无线机器昆虫——"机器蝇"（Robo Fly）。

"机器蝇"比牙签稍重，比真的苍蝇略大，由激光束供电，内置一个微型电路板，电路板中配有微型控制器。微型控制器通过发送波形电压，使"机器蝇"能够自主控制翅膀，模仿真实昆虫的振翅动作进行起飞和降落。

"机器蝇"制造成本低，非常适合在大型无人机无法到达的地方执行军事或民用监视侦察任务，如国防探测、大面积农作物生长情况监测、泄漏气体嗅探等。

二、仿生机器人发展趋势

目前，人们对仿生机器人的使用逐渐由常规环境过渡到比较严苛的场景，这就必然造成对仿生机器人在结构和功能方面的要求越来越高。鉴于当前科学家对生物结构及其机能的认知日益深入和完善，同时随着仿生机器人领域涉及的多学科技术的飞速发展，仿生机器人逐渐呈现出新的发展趋势，旨在使其达到更加逼真的仿生性能，以适应严酷多变的环境，实现更加智能的控制。

（一）微型化

当前，机器人的使用场景逐渐趋向于精确化、狭窄化和复杂化，这种任务场景的需求必然会加速仿生机器人向微型化方向转变。仿生机器人微型化的关键是机电系统的微型化，通过将驱动装置、传动装置、传感器、控制器和电源等部件进行高度集成，可实现仿生机器人的整体微型化。

（二）智能化

随着人工智能技术的发展，仿生机器人已从传统的纯机械式向智能化过渡。仿生机器人的智能化主要体现在执行任务的多样化、完成动作的人性化、控制水平的精确化等，这有利于其更加完美地模仿生物所具备的生理机能，更加安全地完成任务。

（三）仿形化

仿生机器人的外形与所模仿生物的高度相似性，也是仿生机器人的发展趋势之一。机器人仿形化，有助于其在军事侦察、掩护等作战场景更加隐蔽、安全地完成任务。

（四）多功能化

未来使用场景的多样化必然使得仿生机器人向多功能化的方向发展，目前科学家已经开发出诸如蠕动机器人、蛇形机器人、爬壁机器人等形式多样的仿生机器人，独特的运动形式有助于其在不同环境中完成特定的任务。

第五节　反无人平台

进入 21 世纪以来的几场战争中，无人作战平台的应用不断发展，目前在战争中已经能够完成情报监视、侦察、火力打击、电子对抗、中继通信等任务。世界各国的民用和军用无人平台也在不断发展，至少有 95 个国家拥有无人作战平台。目前，使用传统的作战手段应对这些无人平台，存在费效比高、探测难度大和火力有限等困难，并且传统的探测手段在探测无人平台时面临不同形式的挑战。

技术名称	原理	优点	缺点	最大作用距离
雷达	利用多普勒技术获得无人机速度，利用电子滤波器区分无人机和其他运动目标。	距离远、精度高、几乎不受天气影响，昼夜效果均好、技术成熟度高。	识别性能差，主动辐射信号会影响安全。	10km
射频	接收、提取并分析侦测到的无线信号，分析确定无人机及其物理特征。	成本低、容易实现。	无法感知处于电磁静默状态下的无人机。	数百米
无源光学成像	紫外成像、可见光成像、近红外光谱（NIR）成像等技术获得图像，并对所获得图像进行分析。	成本低、视场灵活性较高。	杂波和天气对其影响很大，且夜间效果差。	数百米
无源热成像	通过不同波长的红外成像获得图像，然后对图像进行分析。	杂波影响小、夜间效果好、天气对其影响较大。	大部分微小型无人机的热学特征不是很明显，需要和具有大范围搜索能力的模块配合使用。	近千米
声学传感	采集声音信号，并与数据库中的无人机声学特征进行对比。	成本低、安全性好。	探测距离难以确定、识别能力差，复杂环境下的虚警问题严重，探测距离受风的影响严重。	数百米

典型反制技术优缺点对比

技术名称	原理	优点	缺点	对抗集群能力
干扰阻断	利用大功率干扰信号对目标无人机的控制信号进行干扰，使目标无人机的传感器、链路和全球定位系统失效或者精度大大降低，迫使无人机自行降落或返航。	对抗低复杂度无人机效果显著。	难以应对高复杂度无人机，附带损伤和电磁误伤问题严重。	好
伪装欺骗	利用光学、热红外成像、声学和电子欺骗技术等，将己方进行一定程度的伪装，使得对方无人机难以发现，使其作战效能变低，从而使敌方无人机的作战能力下降。	对于需要人工控制或者接收指令的无人机效果较好。	对技术要求更为复杂，且对自主等级高的无人机效能很低。	差

技术名称	原理	优点	缺点	对抗集群能力
激光/微波手段	通过对目标施加能量来破坏或摧毁目标。	精度高、附带损伤小。	效能受目标形状、材料、距离影响较大，且成本高。	较好
火炮和防空导弹	传统的防空模式。	技术成熟度高。	成本昂贵，且容易造成次生灾害。	差
网捕	从地面或空中抛网以捕获无人机。	成本低、实施简单。	命中率低。	差

反无人平台从功能角度出发，可以分为无人平台侦察探测和无人平台反制两部分。探测类技术是综合利用各种传感器来"发现"或"找到"威胁目标，利用目标无人平台的物理属性（如光学特性、热学特性、声学特性、磁学特性）的不同，通过上述某些特性的测量来找到目标无人平台并进行识别。现阶段，雷达还是最主要的无人平台探测方式。简单背景下，针对单目标的雷达＋光电复合探测已经基本成熟。多目标识别仍是当前的难点，基本靠人工识别。

无人平台反制技术主要有软杀伤和硬杀伤两大类。软杀伤主要通过数据通信干扰、GPS 定位系统干扰、接管控制系统等手段，使目标无人平台的电子元件失去作用，达到削弱战斗能力的目的。硬杀伤主要运用导弹、高炮、激光、微波等手段，直接摧毁无人机。无人平台的反制手段五花八门，干扰欺骗方式对商品类无人机效果显著，对商品／非商品链路处置不足，定向能或传统的动能防空模式成本高且次生灾害比较大。总之，缺乏针对"低、慢、小"目标的有效手段。

下面我们按照无人系统反制技术分类，介绍部分反无人平台装备情况。

一、激光武器

激光武器是新一代利用高能量密度射束替代常规子弹的新概念武器，特别适合打击微型无人机。它具有快速、灵活、精确、抗电磁干扰、成本低廉等优点，对常见"低空低速小目标"性质的无人机来说是一大克星。

（一）HELWS系统

为提高打击"蜂群"的效率，雷神公司设计出一款高能激光武器系统（HELWS）与Phaser高功率微波辐射发射器搭配使用，该系统安装在小型全地形车MRZR上，可配合该公司的多频谱瞄准系统（MTS）开展反无人机作战。该系统接通标准220 V电源即可运行，功率为10kW。2019年10月，美空军接收了一台车载HELWS样机，并开展为期1年的国外战场试验。MRZR战车是美国北极星公司为美军特战队研发的超轻型全地形突击车，还可直接使用C-130运输机进行空投。多频谱瞄准系统具备光电、红外探测和激光指示功能，可实现远程监视侦察、目标捕获跟踪、目标测距定位，为激光武器提供目标信息，窄视场为1.2度×1.6度，宽视场为5.7度×7.6度，提供RS-170模拟视频输出。该系统与安装在MQ-1捕食者和MQ-9死神无人机上的监视和侦察系统一致。

装备性能参数	
系统搭载平台	MRZR全地形车
供能方式	220V电源
单次充电发射次数	20~30次

（二）LaWS 系统

2009—2012 年，美国海军成功对激光武器系统（LaWS）的原型样机进行了从陆上到舰上的一系列反无人系统试验，LaWS 系统的激光束能量达到 30kW。2014 年 8 月，美国海军在 LPD-15 "庞塞" 号两栖舰上部署了 LaWS 系统，并在波斯湾进行了海洋环境下的反无人艇和无人机集群的试验评估。2014 年 12 月，美国海军宣布 "庞塞" 号两栖舰上的 LaWS 系统达到可用状态。"庞塞" 号两栖舰于 2017年 10 月返回美国并退役，LaWS 系统从舰上移走后重新安装到陆上作为试验设施，服务于后续研究项目。

"庞塞" 号两栖舰
上的 LaWS 系统

（三）ODIN 系统

2020 年 2 月，美国海军在其杜威号驱逐舰上部署首款 ODIN 系统，旨在清除潜在的无人机系统威胁。ODIN 系统包括光束导向器、低功率激光器、传感器、网络交换机和控制终端。ODIN 系统由美国海军研究办公室主导研发，目前尚未透露任何具体数据，对外公开称这是满足水面舰队的需求而研发的一款反情报、侦察和监视（ISR）武器。

美国海军计划在未来 3 年内给 8 艘军舰装上 ODIN 系统。

装备性能

ODIN 是一种低功率激光拦截系统，通过发射红外线来致盲来袭无人机的光电和红外传感器，从而拦截无人机及光学 / 红外制导的武器，或者使有人驾驶系统的飞行员瞬间致盲，失去战斗力。

二、微波武器

与激光武器相比，微波武器的波束更宽、作用距离更远、受气候影响更小、火力控制更为便捷。不仅能针对单个无人机进行积极防御，而且对于无人机集群攻击也能起到积极防御作用。

（一）战术高能微波作战响应器（THOR）

战术高能微波作战响应器（THOR）是美国空军研究实验室和BAE system 公司经过 18 个月耗资 1900 万美元研制，通过发射高能微波来烧毁无人机内的电子设备。

装备性能

THOR 可装在集装箱内由车辆或飞机运输，整体系统安装完毕需要 3 小时，THOR 的作战范围约 500 米，一次战斗可同时击落 50 架无人机。

（二）Phaser 高功率微波辐射发射器系统

2018 年，美国陆军在演习中使用雷神公司研制的 Phaser 系统击落了 33 架无人机。2019 年，美国空军研究实验室（AFRL）又与雷神公司签署了 1 份价值 1600 万美元的合同。合同对 Phaser 进行为期 12 个月的现场测试，期间 Phaser 会拦截模拟和真实无人机拦截以便验证打击效果。美国空军研究实验室希望 2020 年再投入 1500 万美元进行研发和测试，最终目的是在年内让 Phaser 系统具备可实际部署能力。

装备性能

Phaser 系统是一种高功率微波辐射发射器，安装在 20 尺集装箱顶部。系统利用 MPQ-64 雷达监测、跟踪目标后，发射微波能量流，使目标无人机控制系统和发动机失能。

三、电子干扰

通信链路是无人机系统操纵的主要途径，也是无人机的薄弱环节，因此无人机系统对电磁波干扰非常敏感，一旦受到电子干扰，就会导致产生错误的控制指令，致使其无法执行任务，甚至可能失控坠机。基于此，从无人机运行的原理出发，通过电子干扰等手段，阻断无人机与卫星的连接，使之无法定位或偏离航道；也可以中断敌方无人机与后方的通信链路，使无人机失控、漂移甚至坠毁；利用网络技术，破解敌方与无人机的无线电通信协议，模仿敌方主控站与无人机建立通信，发送控制指令，让其误判。

（一）"沉默弓箭手"反无人机系统

2019 年 1 月，美国陆军与 SRC 公司签署一份价值 1.08 亿美元的合同，用于交付"沉默弓箭手"反无人机系统。该系统在应对单个无人机和无人机蜂群时都有较好效果，如系统产生的射频干扰对来袭无人机无效，将会把目标信息传输给其他反无人机激光武器系统进行打击。沉默雷声多任务电子战系统是一种可调整的软件定义无线电（SDR）平台，具备反 ISR、反通信和反无人机等多种功能。该系统的运行功率小于 1000W，运行频率为 B、C 和 A/B 波段。

装备性能

系统通过车载型 AN/TPQ-50 雷达、狮鹫 R1400 空中监视雷达探测袭无人机，并通过沉默雷声（Silent Thunder）多任务电子战系统对无人机进行射频干扰，可干扰无人机的通信链路，使其返回基地或紧急迫降。

（二）Dronebuster 反无人机系统

2017 年 4 月，美国陆军授予了美国 Radio Hill 技术公司一份合同，用于大量采购第三代 Dronebuster 反无人机系统。Dronebuster 通过一体化射频电源仪和信号分析器对低慢小无人机进行定位，并分析来自无人机的信息类型，如指挥控制、视频或遥感，然后对无人机获取的信号进行干扰，使其降落或返回基地。此外，Dronebuster 还可配备 GPS 干扰器，干扰无人机的 GPS 和全球导航卫星系统（GLONASS）的频率。

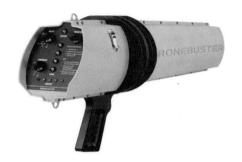

装备性能

Dronebuster 反无人机系统重 2.27 千克，长 0.53 米，作战人员仅需要 5 分钟训练就可使用。系统主要通过射频干扰，达到反无人机效果。

四、布设陷阱

根据无人机基地和重要保卫目标的位置，研究无人机出动的主要方向、时机，并针对其活动高度、探测能力，在其可能的活动空域上空，设置阻塞气球、伞系钢缆，抛射空中雷弹，堵塞无人机航路。或通过飞机布设雷障和火箭抛射地雷、发烟罐、钢球弹等，给无人机布设空中陷阱。

第五章
智能化战争的技术支撑

强大的人工智能犹如入侵的外星人。我们不会问它们，能不能帮助我们发展经济？我们将会问它们，你们是不是打算杀死我们？

——彼得·蒂尔

传统战争作战要素相互独立、相对分离，战场生态系统比较简单，主要包括人、装备和战法等，技术需求主要体现在武器装备中，以增强机动力、打击力、指挥力、防护力等为主。智能化战争，各作战要素之间相互融合、关联、交互，战场生态系统将发生实质性变化，形成深度学习、大数据、AI 脑体系、超级网、自主式群、虚实端、人机交互等构成的人工智能技术群。

第一节　深度学习技术

人工智能这种新型科技渐渐走入人们生活之中，它能够为科技进步以及产业更新换代贡献力量，而深度学习的重要性也得以凸显，其在通用技术发展之中地位不断变高。在过去的发展进程中，深度学习在很多方面都发挥自身作用，实现自身价值，使得技术发展更上一层楼，应用也更加便捷。深度学习手段促使语音以及语言处理等智能领域取得长足进步，发展速度惊人，除此之外，也使得人工智能在工业时代拥有一席之地。深度学习平台在技术等领域作用显著，为这个领域增添色彩，吸引着人们的注意力。

深度学习被包含在机器学习领域之中，是其主要分支。人工智能的主要目的是赋予智能体系人类的能力，增加其与人类的相似性，完成人类才可以完成的工作，而机器学习的主要目标是提升人工智能水准。从人工智能性能角度进行分析，其可以促使计算机对相关经验进行分析，由此得到一定的学习经验。通常情况下，这种训练都要以大量数据作为基础，而深度学习被包含在机器学习范围之中。但是，深度学习与机器学习之间也并不完全相似，存在不同之处。深度学习对非线性处理手段进行有效运用，精准提取数据，可以达到端对端训练的目标，对大数据做出梳理与探索，可以看出，这种方式存在一定优点。语言处理等也增加了机器学习的科学性，使其与人工智能目标更加相符。

深度学习、机器学习
与人工智能的关系

一、深度学习技术的主要特点

（一）深度学习更容易发挥大数据优势

对传统机器学习手段进行运用，如果数据的数量有一定基础，那么效果会大大提升，深度学习在大数据训练之中所发挥出的作用更加明显，贡献更大。例如，ImageNet 项目的全量数据超过 1400 万张图片，常用的数据集也有百万规模。在工业界的深度学习应用中，往往都对应着更为海量的数据。比如对于机器翻译，会有上亿规模的平行语料。语音识别的训练数据会达到十万小时量级，而像搜索排序的语义匹配模型训练的语料则可达到千亿样本规模。由此看来，更多的数据确实带来了更好的效果。

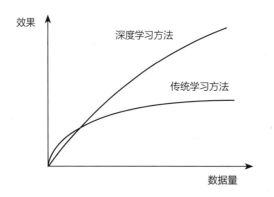

深度学习的大数据优势

（二）深度学习具有强大的特征抽象和表示能力

深度神经网络模型能够对可计算特点表达进行学习，并且其中间特性通用性非常强，所以其对多任务学习支持力度更大，扶持水平也更高。因此，深度学习更容易支持多模态学习和多任务学习，如视觉问答任务、多语种机器翻译的联合训练等。这也为大规模通用预训练模型迁移学习提供了可能，比如近年来出现的 Bert、Ernie 等模型，持续刷新分析人类语言的人工智能（NLP）各项评测任务的最好成绩。

（三）强大的特征表示能力也带来了"端到端"训练的显著特征

探究传统机器学习手段能够看出，其在学习时需要具备一定的条件，需要经历相应特点的提取过程。深入学习将最原始的图像及输入其他相关信息等就能够做出训练，除此之外，还能对不同任务做出简化处理，使其复杂性有所降低，很大程度上保证了结果的准确性，防止由于过于复杂而产生错误。

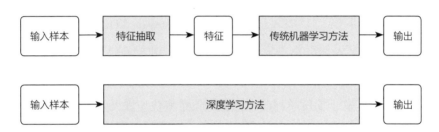

深度学习与传统机器学习在特征工程上的区别

二、深度学习技术的军事应用

（一）目标识别方面

深入学习技术以其自身特点深受人们喜爱，它颠覆了传统的人工技术操作模式，更新其操作系统，使得计算机应用性更强。深度学习技术可以对大脑操作模式进行学习与模拟，并且还能对神经网络进行运用。这样一来，一些相关问题就迎刃而解了。军事研究机构对这种技术手段非常关注，并借助其对军事目标识别的方向进行了相关研究[一]。例如，美军在智能化电磁频谱感知与侦察领域的最新进展是

○ 潘浩. 基于深度学习的军事目标识别［D］. 杭州：杭州电子科技大学，2018.

DARPA 所支持的"对抗环境中的目标识别与适应"（TRACE）专项。该专项旨支持（跟踪）项目是将深度学习算法引入驾驶舱，建立准确、实时和低功耗的目标识别系统，并使用深度学习和转移学习等智能算法来解决自动化问题，以帮助指挥官迅速决策。美国国防部的"算法战争"跨职能工作组启动了 Maven 项目，该项目旨在利用目标识别技术，从大型无人机机载侦察视频中快速准确地识别出感兴趣的目标。以深度学习作为主要基础，将大量的数据转换过来，使其成为真正可以为我们所用的情报，促使 AI 技术在军情处理过程中得到非常有效的应用。除此之外，美国还对国防部数据做出转化，并把它转换成为较为实用的情报。DARPA 进行了一系列 mstarsar ATR 研究：这项研究的目的是把以深度学习为基础的技术引用到 SAR–ATR 体系之中，借助这种方式来提升 SAR 图像识别的准确度。可以预测，未来 10 年到 20 年内，基于深度学习的图像识别项目将快速发展。

（二）态势感知方面

随着信息采集技术、信息传输与共享技术、信息存储技术的不断发展、进步以及其向国防领域全面迅速渗透，现代战场往往产生了大量不完备、不确定、模糊随机、高维稀疏的复杂异构信息，使得现代战场态势呈现显著的大数据特征、非线性特征以及涌现性特征。传统的战场态势估计由于采取基于简单线性模型智能方法，已无法满足现代复杂战场态势的感知需求。目前，被誉为最接近人脑的深度学习方法，由于采取多层感知器模型有机融合与集成的方式，以至拥有强大的记忆能力、特征逐层理解与自动分析能力以及卓越的非线性逼近能力，在多层学习、自主分析、非线性特征提取等方面具有其他方法无法比拟的独特优势。深度学习技术为研究错综复杂、瞬息万变、信息海量的战场态势评估问题，提供了智能化的技术手段。深度学习技术在态势感知方面的主要作用，是实现对战场态势的高级理解。通过深度学习的方法实现态势感知，侧重点在于态势感知的理解过程与预测过程。深度神经网络的多层神经元能够综合浅层的态势要素，实现态势理解和预测。态势感知训练过程的训练数据可以是以往的实战数据、实兵对抗数据、兵棋推演数据、靶场试验数据，也可以使用特定的生成器生成数据。对训练数据的标注可以来自指挥员对态势的认知，通过对作战态势的训练数据的分析，真实反映了指挥员对特定战场态势的判断，并用于深度神经网络进行学习和模拟。例如，可以通过分析指挥员理解战场态势的思维模式，并结合深度学习运行原理，实现一种基于深度学习的指挥员战场态势高级理解思维过程模拟方法。该方法利用深度学习，对指挥员战场态势高级理解过程进行非线性拟合处理，从而实现对复杂态势的有效感知[一]。又如，围绕作战态势问题，从体系对抗性和战争复杂性角度出发，系统研究联合作战条件下的战场态势，通过模仿指挥员理解态势的模式，初步建立复合架构的深度学习网络。目前，基于兵棋演习数据实现了初步的战场态势优劣判别。[二]

（三）指挥决策方面

深度学习技术的突破和广泛应用导致机器智能技术的飞速发展，在新型高速并行计算平台和大数据的支持下，图像和语音的识别和理解、自然语言处理等方面也表现出在认知决策智能领域中具有广阔的应用前景。例如，阿尔法狗因以 4∶1 的出色表现击败了人类最顶尖

　　[一] 廖鹰，易卓，胡晓峰．基于深度学习的初级战场态势理解研究［J］．指挥与控制学报，2017．
　　[二] 李高垒，马耀飞．基于深度网络的空战态势特征提取［J］．系统仿真学报，2017．

的专家李世石而闻名，它吸引了全世界的目光。这是人工智能在认知决策领域的又一重大成就，因为"深蓝"和"深度学习"是阿尔法狗的核心技术之一，其主要创新在于模仿人类。再如，2017 年 9 月，由中国科学院自动化研究所创造的人工智能体系在"赛诸葛"兵棋推演人机大战中获胜，并且与之对战的人类玩家被彻底打败，由此看出在全国战争游戏演绎比赛中，深度学习技术显示出非凡的潜力。现在，在更符合战争特征的多智能体游戏《星际争霸》中，人工智能系统已成为世界上最受欢迎的系统，对人类智能提出挑战的深度学习研究也在加速发展。它克服了由 Go、Deepmind 和 Blizard 娱乐共同开发的 Alphastar 的任务繁重问题，其核心技术是深度神经网络和多主体获取算法：该深度神经网络从原始游戏界面接收数据，输出命令结果，并在游戏中形成动作；多智能体学习算法使 Alphastar 通过模仿来学习明星顶尖玩家的基本微观操作和宏观策略。2019 年，Alphastar 在与顶尖人类玩家的比赛中取得了 10 : 1 的优异成绩，这表明深度学习方法具有实时对抗性和巨大的搜索空间，同时也证实了不完整的信息游戏和不确定的推理在复杂动态中的应用现场取得了重要突破。

在最近几年的发展进程之中，很多学者都对深度学习在军事领域的作用进行关注并做出广泛的探究，这些分析也获得相应成果。不可否认，技术在军事领域能够产生非常大的影响，发挥自身力量。例如，基于类似于阿尔法狗的原理，采用价值网络、强化学习和蒙特卡洛方法，利用 Carlo 算法构造战略威慑智能指挥决策，实现威慑博弈树的快速搜索。以上阐述了深学习算法的合理性，对实现辅助指挥与控制的智能决策具有重要的参考意义[⊖]。

⊖ 周来，靳晓伟，郑益凯. 基于深度强化学习的作战辅助决策研究［J］. 空天防御，2018.

阿尔法狗依据深度学习经验，对不同行动做出胜率判定

第二节　大数据技术

对于大数据研究机构，高德纳咨询公司（Gartner）给出了这样一个定义："大数据"是一种新的处理模式，需要更强大的决策能力、洞察力和流程优化能力来适应大规模、高增长率和多样化的信息。麦肯锡全球研究院拥有一个大型数据集，在采集、存储、管理和分析方面远远超出了传统数据库软件工具的能力，具有海量数据规模、快速数据流、多数据类型和低价值密度的特点。

大数据技术意义独特，地位较高，其主要目的并不是拥有大量的信息，而是对所获得的数据做出有效处理，也就是说，如果将大数据与行业结合起来，则获取利益的主要手段是提升数据处理水平，而数据的收集等都可以借助"处理"得以实现。

大数据包括很多种类，如结构化数据以及非结构化数据等，而后者的重要性正在不断提升，渐渐占据数据主要地位。从对 IDC 调查包裹做出探究可以得出：企业之中大部分数据都属于非结构化的数据，并且这部分数据的数量还在不断提升。大数据在现阶段只是因特网的一种形式或功能，无须对其进行神秘化或者过于高的评价。在云计算大肆发展的今天，很多不容易收集以及运用的数据都有所改变，其运用变得不再那么困难。在不同行业都争相创新的背景之下，大数据的价值也会变得更大。

一、大数据的主要特点

容量（Volume）：数据的大小决定所考虑的数据的价值和潜在的信息。

种类（Variety）：数据类型的多样性。

速度（Velocity）：指获得数据的速度。

可变性（Variability）：妨碍了处理和有效地管理数据的过程。

真实性（Veracity）：数据的质量。

复杂性（Complexity）：数据量巨大，来源多渠道。

价值（Value）：合理运用大数据，以低成本创造高价值。

二、大数据的军事应用

（一）大数据促进军队信息化模式由任务驱动向数据驱动转变

大数据分析技术在处理大数据方面贡献突出，支持决策以及做出情况或趋势判断，大数据已成为运营效率的新增长点。通过大数据的积累和有效利用，其可以使得运营拥有更大助力，军事大数据也在决策中贡献重要力量，可以丰富决策，使其更加完整。除此之外，在对大数据做出分析与比较时，我们可以从最佳中选择最佳并做出准确的决定[⊖]。

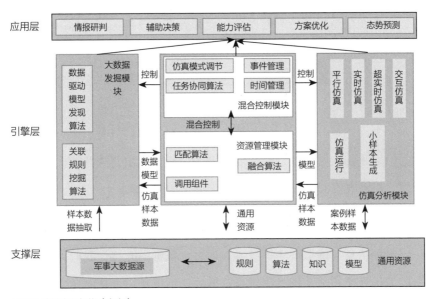

军用大数据应用架构（参考）

（二）大数据为战略形势研判提供了全新的有力手段

将不同信息整合到一起，包括对手的政治信息以及经济信息等等，并对数据做出详细探索，实现战略智能分析目标，在战争分析以及形式预测过程中都起到非常积极作用，也为全球安全形势的预估贡献理想效果，在重大事件分析过程中起到不可替代的作用，能够较好地进行检测，及时做出预警，更好地提升决策水准。所谓知己知彼，百战不殆，对对手的了解程度与战争的胜利具有非常紧密的联系，大数据

⊖ 郑泽席. 基于数据挖掘的知识发现在 MDSS 中的应用研究［J］. 指挥技术学院学报，2001.

的发展使得目标识别更为方便，还能够更好地分析对手发展的态势。

（三）大数据为战场态势融合和快速深度的威胁分析提供了
全新途径

对多源信息做出梳理与整合，较为合理地掌控关键目标的实时动态，并准确地研究和判断战斗重点；通过超高速分析和全面描述，判断它是否具有目标实体的特征，可以实现威胁检测、跟踪目标、标记异常标志等。此外，它还从微观角度对潜在相关性进行探究，进而找出不同方面的战斗指标，分析指挥特点，对指挥弱势做出合理考究，同时对对手的实际信息与战斗能力做出分析，找出其战斗的优点以及缺点，避开其优势之处，准确掌控争端发展的形式。

（四）大数据仿真环境可大幅提高军事训练和建设管理水平

借助仿真、虚拟现实等技术，通过大数据的支持，我们可以为复杂的战场环境和战斗场景提供身临其境的训练环境，从而全面增强真实战斗环境的真实性。借助于对领域的探索与分析，实现大数据模拟，由此能够使得决策更加合理、准确，提升其可靠度，为军事管理提供有效建议，做出精准考察。

与此同时，军事大数据还能实现多种其他目的。例如，对战略做出详尽的规划，指导方案执行以及为项目做出科学预算等等，还可以对项目信息以及运营状况做出对比，对其进行合理分类，找出问题所在，将资源做出合理划分，优化利用资源，提出建设性建议⊖。

⊖ 高磊，罗育洪.在不打招呼检查中应用数据挖掘技术 [J].海军杂志，2015（4）.

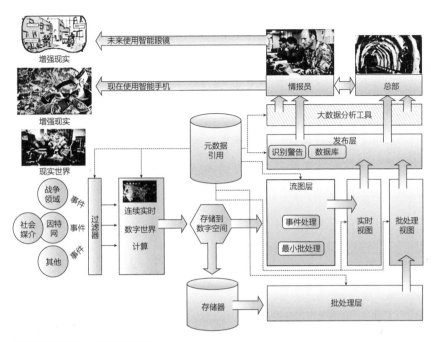

美军基于大数据的态势感知架构图

（五）大数据有力加强了专业情报深度分析能力

对大数据手段进行有效运用，能够产生一系列的积极意义，可以促使空间感知能力变强，对不同传感器信息进行分析，找出相对较为主要的数据，从不同角度体现情报数据，从而为情报大数据提供更专业的平台，极大地增强了操作实体数据的识别和事件关系的定位。大数据具有发现和理解知识的能力，并且更有可能找到潜在的高价值情报线索并推出关键情报产品[一]。

　　[一]　武开有.海洋军事情报信息系统中的数据挖掘技术［J］.西安通信学院学报，2013.

（六）大数据从手段上优化了作战筹划能力

在对认知做出研判时能够得出：指挥规划与不同方面相互联系，能够对战场形式以及发展状况有所展现，对作战数据做出对比与推断，还能够提出相应目标，最终生成计划；对方案进行衡量与评估，并促进更合理、有效的运营计划。通过分析大数据流的变化和命令系统的相关性，大数据智能感知能力可以提供大数据模型，为关键业务决策贡献支持力度。

第三节　边缘计算技术

边缘计算集合多种功能于一体，开放程度非常高，将网络以及存储等结合在一起，属于核心功能。其能够提供多种服务，包括可以为与数据源相邻的一侧提供相关服务。其应用程序开始于边缘一侧，这能够有助于网络服务较为迅速地做出反应。在处理实时业务进程之中，应用程序相对来说较为单一，其安全水平较高，隐私保护程度也更深，这与行业的需求较为吻合。

边缘计算以各类终端计算以及相应的通信功能作为主要基础，其建造了分布式传感。随处可见的控制平台以及开放的网络计算能够满足业务以及数据融合的需求，也能与隐私保护需求相符合。这是一个具有互连性、互操作性的开放生态环境。边缘计算参考体系结构包含4个功能域。

应用域，以不同类别的功能领域所支撑形式为主要基础，对行业的需求进行梳理与结合，提供满足要求的应用程序，借助这种手段来维持行业的高速运行。

数据域，对不同数据域进行收集，在数据传输以及维护方面都提供安全保护，使隐私不被泄露，达成保护隐私的目标。并且还能够提供大量的数据支撑，为行业提供优秀服务，还能够为数据的提取以及操作提供助力。

网络域，在系统之中占据重要地位，起到枢纽作用，是不同设备间的联系桥梁。

设备域，承载各类应用程序，借助嵌入式手段完成连接，实现智能应用程序功能。

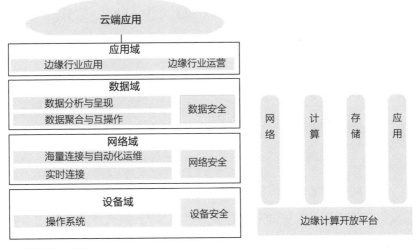

边缘计算架构示意图

一、边缘计算的基本分类

（一）个人边缘

这类边缘计算随处可见，能够在生活中看到，包含智能机器人以及平板电脑、家庭自动化系统、智能手机。

（二）业务边缘

这是最受关注的边缘计算类型，位于企业边缘的机器和人员聚集在这里。关于物联网的讨论似乎假定这是唯一的优势，而关于物联网的每一次讨论都表达了这种边缘计算的好处。迄今为止，在工业互联网领域中发展的势头非常强劲。

（三）多云边缘

到目前为止，这类边缘计算出现的频率并不是非常高，也很少被谈论到，但是却是发展时间很长的边缘计算。多云边缘是企业网络边缘的术语，在这之中，其慢慢进入到家庭之中。过去，它只是一个没有任何计算能力的网络边缘，它们被称为 PoP（存在的节点，Points of Presence）。

二、边缘计算的军事应用

（一）应用背景

未来的指挥信息系统需要构建多维综合作战系统，以实现对战场态势的实时感知，并协助多兵种和多兵种无人／有人作战资源的指挥以及决策。作战体系的信息交互水平相对来说比较高，其计算水平也是比较优秀的，可以完成大量数据分析的任务，工作效率非常高，用时也很短。其具有安全性高的特点，服务所需时常不是很多，提供较为创新的方案，在军事体系之中发挥作用。

（二）应用特点

与民用领域做出对比，边缘计算在军事领域发挥作用时所需要面临的环境也是更加危险的，环境相对复杂，这要求指挥体系敏捷性更强，对其健壮性要求也是非常高的。

（三）架构设想

边缘计算具有广泛分布的边缘节点以及计算的接收器，能够提供较好的计算服务，其服务效率高、用时短，因此延迟也是比较低的，在战场氛围中能够准确把握住信息优势，争取到更多时间，在时间方面占据更强优势。以海上战场特征为主要基础，此篇主要提供"云"参考结构、"边缘端"对海上军事信息体系进行整合的相关探讨。

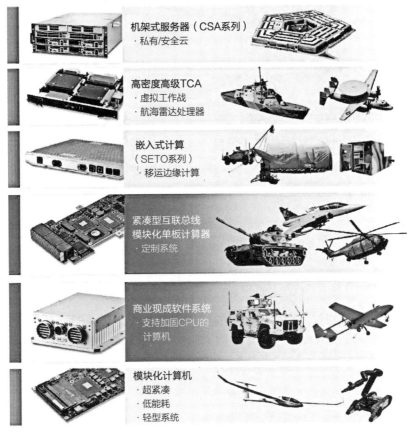

机架式服务器（CSA系列）
· 私有/安全云

高密度高级TCA
· 虚拟工作战
· 航海雷达处理器

嵌入式计算
（SETO系列）
· 移运边缘计算

紧凑型互联总线
模块化单板计算器
· 定制系统

商业现成软件系统
· 支持加固CPU的
计算机

模块化计算机
· 超紧凑
· 低能耗
· 轻型系统

美军参与边缘计算的终端

美军设想的边缘计算架构

1. 资源管理

计算和存储资源的注册、管理和分配。负责边缘层中各个边缘节点的计算和存储资源的整合，为边缘计算应用即作战任务提供资源存储和计算。

2. 网络管理

在一些比较恶劣的氛围之中，如信号条件不是很好，为了保障边缘节点设施与指挥中心之间数据较好地连接，提升其质量，而提供接口统一的通信协议，并以此来对不同问题进行解决，防止硬件无法兼容。

3. 安全管理

军事应用程序安全性与数据以及服务机密程度存在密切联系，相关性比较强，其与数据稳定程度等也有紧密关系。安全管理承担不同节点信息的传送以及保护等职责，对不同节点都进行较为合理的监管，实现其审计功能，完成监管与保护。同时对存在问题与故障的节点有所感知，完成信息收集任务。

4. 应用管理

从云指挥中心提供作战任务服务。当任务到达时，通过分解和分析任务构造解决方案，并动态调度相关的计算和存储资源。

（四）应用前景

边缘计算基于头盔和其他智能设备的生理特性（如心率、步态、手势等），在军事领域具有广阔的应用前景，包括作战指挥、合作作战、军事训练、预警和检测等。军事人员的定位信息和战场态势、云节点，对其做出分析与运用。这种方式对战场指挥十分有利，同时提出了一种基于语义边缘的层次式物联网架构，用来监视军事人员的健康状况和武器状态。通过传感器将原始数据发送到语义边缘，以供指挥官和控制中心使用、分析并做出适当的决策。

伴随着人工智能的不断进步，新的产品争相出现，智能无人机等也随之出现，进而为探索提供一定灵感。例如，有些无人机配有专业的摄像头等设备，这使得操作人员用其执行任务时能够产生很多数据，而云计算结构却存在一定延迟，无法满足现代战场较高的要求，因此增加边缘计算节点是一种较为可行的方法。

第四节　超级网技术

军事通信与网络信息系统是一个复杂的超级网络系统。在人工智能的干预下，陆军在陆地、海洋、空中和太空环境中使用的通信网络将发生不同的变化。

一、超级网的基本组成

以美军为例：美国国防信息系统局是美国防部在信息技术方面的主管机构。为了适应美军网络信息作战要求，国防信息系统局于2015年开始启动重大改组，实现其全维立体覆盖。

（一）天基信息系统

其主要由不同部分组成，具体包括网络基础设施以及应用程序等，属于较为综合的信息体系，集合了多种元素，能够自动获取相关信息，也能够对信息进行传输，提供基准服务功能。经过长时间的发展与进步，骨干网络建设系统得以完成：2016年6月，移动用户目标系统的第5颗卫星发射升空，标志着移动用户目标系统星座的部署完成。为美国和盟国提供了具有全球战术通信能力，特别适合在严酷的战斗环境中使用的美国宽带全球卫星系统的第9颗卫星已成功发射，而第10颗卫星计划于2019年发射，这10颗卫星将构成完整的宽带全球卫星系统，可以提供高容量先进的超高频（ARF）卫星具有抗干扰能力、低检测概率、低拦截率和先进的加密系统，可以提供美国全球作战组织的数据传输能力，并确保美国全球作战组织的通信支持要求，为美军提供全球安全通信服务。

（二）战术网络通信系统

其不仅是战场信息得以共享的主要基础，也是必然前提，在战场通信体系中应用频率也非常高。战场特点鲜明，变化较多，所有服务都无法保证能够对世界进行占领。而战术网络技术的进步对联合作战水平以及网络协作都具有很大贡献。其主要问题为，美军在2017年就停止了这个项目并对战术网络做出规划。对联合军事行动做出的探索可以看出，美军主要对机动特征以及战术安全性进行关注。

（三）空中网络通信系统

2016 年 8 月，美国空军升级了战略轰炸机的网络通信系统，新版本的 conect 系统将在轰炸机上引入数字技术，增加实时卫星数据链路和集成的网络通信工具，并使机组人员能够改变飞行中的战斗任务——"灰鹰"。美国空间的 E-4B 高级空中指挥战略体系在 2017 年得以升级，以改善美国指挥机构与水下导弹发射潜艇之间的低频通信。在水下紧急情况下，想要达到提升 E-4B 机队可用性的目标，美国空军研制出新的产品能够对飞机以及地面站进行连接，不同战斗机中的飞行员可以借助于军事数据实现卫星信息贡献。

（四）水下网络通信系统

从美军角度进行分析，完善的作战体系能够为美国海军提供一定的作战优势。2014 年，美国海军启动了海上应急战术通信网络的开发，其核心是"水下战术"。"网络体系结构"项目旨在开发一套战场中继信息网络，该网络可以由军舰或民航快速部署。但是无法达到较长距离的通信，对光缆进行运用，其能够在水下一定距离内形成较为稳定的通信网络，也可以与常规网络进行连接，还能够完成与不同平台的通信，据估计可在未来 5 年到 10 年之内能够进行部署并进行使用，这使得部署变得更加灵活。

二、超级网的发展趋势

（一）全频谱通信

随着移动通信技术的不断发展，人们对于频谱资源的需求越来越大。目前 6GHz 以下的频谱资源已经分配殆尽，26GHz、39GHz 的毫米频谱频段也已经分配给 5G 使用，需要研究其他频段，以满足通信网络发展的需求。2020 年 11 月，在 2020 全球移动宽带论坛期间，华为发布了支撑"1+N"的 5G 全系列解决方案，全频谱向 5G 演进，以中频大带宽为核心构筑一张普遍覆盖的宽管道基础网；利用其他频段构筑差异化优势，实现 N 维能力按需叠加。

未来，我们需要综合考虑成本和需求，在不同场景下有效利用各种频谱资源，并考虑太赫兹、可见光和毫米波等所有频段的深度集成网络，这是唯一的电磁具有独特的光谱特性，巨大的科研价值和广阔的应用前景，已成为世界科学技术领域的前沿研究热点之一。可见光通信是一种可以直接在空中的光信号中传输光信号的通信方法，可以有效避免无线电通信中电磁信号的泄漏，是各国之间的下一代核心通信技术。

（二）卫星互联网

作为新一代的空间信息基础设施，卫星互联网是一个全球重资产配置的产业，因此国际上轨道和频段稀缺资源争夺激烈。例如，2020年，FCC 正式授权亚马逊 Kuiper 低轨宽带星座，该星座计划部署共计3236 颗卫星。未来重点研究方向包括：一是要构建空天地一体化网络安全保障，有效应对身份认证、安全传输等多种威胁；二是日益紧张的频谱空间资源已经成为制约卫星通信发展的重要因素，高通量卫星不断增长的需求将推动卫星通信向频率更高的 Q/V 频段发展；三是卫星互联网将助力实现全覆盖新型应用，包括生态环境保护、灾害预警、电力设施及线路的实时布控等。

（三）下一代无线通信

经过几十年的发展，中国的信息通信技术已达到国际水平。5G投入商业使用一年后，中国已正式进入 5G 全面发展阶段。5G 将继续

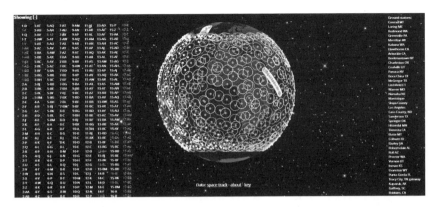

"星链"计划在轨示意图

提高沟通速度，扩大沟通空间。6G 将在 5G 的基础上全面支持全球数字化转型，实现从物联网到万物智能连接的飞跃。在国家发展战略中，我们应该进行新网络和高效传输技术链的研发，从而实现关键物理设备自主知识产权的突破。中国已成为 5G 技术和标准的全球领导者，下一步将集中在 5G/6G 无线移动通信技术和标准的研究。通过应用演示可以推断，在构建完善的技术协作创新系统上，物理层是 5G 技术和标准的关键技术。移动通信的隐私保护和安全传输非常重要。

（四）信号处理技术

随着信号和算法的发展，工业控制、设备自动化、车联网、远程手术等场景对信号的时效性和可靠性提出了更高的要求。卷积神经网络（CNN）来自医学图像信号智能感知，图像信号处理和神经网络的融合，未来的主要研究方向包括：生物通信和存储、DNA 存储、神经形态计算等。目前，CNN 的系统理论和基于 CNN 的信号处理方法仍有待改进。光信号研究包括光信号处理和增强，弱信号检测和认知检测成像等。

第五节　虚拟世界技术

顾名思义，所谓的虚拟世界技术是虚拟与现实的结合。从理论上讲，虚拟世界技术（VR）是一种可以创建和体验虚拟世界的计算机仿真系统，它使用计算机来生成虚拟世界。虚拟世界技术是计算机技术生成的电子信号，结合各种输出设备，利用现实生活中的数据，将其转化为人们可以感觉到的现象。现象可以是现实中的真实对象，也可以通过三维模型表达。这是我们肉眼无法看到的，因为这些现象不是我们可以直接看到的，而是由计算机技术模拟的真实世界，因此它们被称为虚拟现实。

虚拟世界技术以其自身合理性以及前沿性获得越来越多人的信任与推崇，用户体验感比较好，能够感受到虚拟世界的氛围，环境仿真性做得非常优秀，真实性非常高，与现实世界极为类似，给人以新奇体验。除此之外，还对现实世界的声音以及感知等进行虚拟，刺激人的听觉以及味觉等等。仿真体系非常庞大，作用非常强，能够使人机交互目标得以实现，人们在操作过程之中拥有一定自由性，还能够在环境中获取较为真实的体验。虚拟世界技术等多种功能，使其在许多人中广受欢迎。

一、虚拟世界技术的主要特点

（一）沉浸性

虚拟世界拥有多种功能，而沉浸是最为重要的一种，能够促使客户真正感知到环境。浸入的程度与用户感知体系有着密切联系，如果用户能够感应到虚拟世界的种种刺激，那他们就会拥有一定的共鸣，这就促使心理沉浸得以产生，仿佛置身于真实的世界。

（二）互动性

这种特性指的是对象可操作程度与环境反馈息息相关，如果用户进入到虚拟空间之中，那么相关技术会促使用户实现与环境的交互，如果用户执行某种操作，那么周边环境会出现某种反应。如果用户触摸虚拟空间中的对象，则他或她应该能够用他或她的手感觉到该对象。如果用户对某个对象执行操作，则该对象的位置和状态也应发生变化。

（三）多感知性

多重感知表明计算机的感知手段是比较多的，可以利用听觉进行感知，也可以利用嗅觉进行感知。而较为理想的虚拟世界技术感知手段发展非常全面，与人的感知很相似。受到技术的影响，虚拟世界技术感知功能主要为听觉以及视觉等。

（四）构想性

在虚拟空间之中，用户能够与周边的物体交互，用户认知范围得以扩充。客观世界之中没有的环境也能够得以构建，用户在虚拟空间之中依靠自身的感知能力对思维想象进行扩展，构建新的环境与氛围。

（五）自主性

指的是对象在虚拟环境之中对物理定律产生作用的程度。在进行推动时，对象会有所移动，可能会掉在地面上。

二、虚拟世界技术的军事应用

（一）实时建模技术军事应用

虚拟世界技术指的是动画技术与实时技术互相交互。伴随着建模技术的创新与进步，较为完善的 3D 信息在建模发展过程中的地位越来越高，发挥作用也越来越强。建模技术包含种类非常多，如 3D 扫描仪以及多图建模等等。3D 扫描仪借助于在几何表面创建点云手段，来对对象形状进行插入，精确程度会随着点云密集度的提升而变大。可以构建相关模型，3D 相机运用不同镜头来对场景进行描述，与人眼所见非常相似。图形建模有一定优势，也有一定弊端，需要对实际状况做出合理分析并做出正确抉择。

1. 武器装备模型的构建

从武器仿真角度来看，实时建模手段发展趋势比较明朗，是未来的发展方向。伴随着武器装备的不断进步，很多新的武器得以出现，武器装备需求也越来越多，尤其是零件模型的构建。传统的建模技术对计算机手段进行运用，所需要的时间比较长，也没有清晰照片，而运用实时建模手段大大提升了工作效率。运用 3D 相机可提高数据获取度，工作流程也是自动的，有助于工作效率的不断提升。

虚拟仿真训练系统

2. 战场环境的建模

战场特点鲜明，形式变化比较快，传统的计算机效率不是特别高，已经无法满足其越来越高的需求。在最近几年，无人机备受关注，其发展也受到重视。我们能够对数据区域进行划分，在信息软件之中对重叠率进行设置，之后把信息导入到模型之中。借助一系列计算手段，可以得出可编辑信息的景观模型。

（二）全景技术军事应用

全景技术也被称作3D现实，这种技术比较新颖，其拥有自身特点。与传统流媒体不同，这种技术具备可操作性特征以及交互性特点，是其与传统流媒体相区别的地方。全景技术对无人机进行运用，并且还经过一系列的处理，能够把较为真实的照片用在虚拟场景之中。而全景技术也与传统技术不尽相同，只依靠几张照片就能够实现场景的凸显，真实感非常强，交互能力也很强，制作的周期不是很长，操作起来也不是非常复杂，技术门槛不断变低，很多行业都将目光集中在这项技术之中。

1. 战场环境分析与调研

对战场环境的调研需要依赖较多信息，其中包括天气信息以及建筑物信息等。而信息的收集速度以及建模准确程度在未来决策中起着重要作用，过去我们通过计算机软件建模来模拟战场环境，其拥有相应特点，工作量比较大，生产的成本也是很高的，建模所需要的时间相对来说很长，而建立起精准的三维模型也是比较困难的，与天气因素等匹配起来也有很大难度。除此之外，还有其他缺点，比如与真实场景不是很接近。全景技术需要对真实区域进行拍摄，以此来构建虚拟的场景，相机拍摄起来很困难，无人机也能够对危险区域进行设计，这使得场景真实性得以保障，与现实也是很贴近的，还能够减少场景制作的成本，有助于景观信息的更新。除此之外，还对 GIS 技术进行合理运用，生成相应地图，对网络共享以及数据库进行管理，防止出现重复建模工程，为实战训练增添力量。

2. 装备仿真可视化

武器装备仿真在虚拟世界中占据重要地位，是非常重要的一项技术，与传统武器不同。传统武器主要对 3dsMax 等软件进行运用，依据装备形状建立模型，但是不利于对战斗机座舱模型的建立。装备仿真可视化主要依赖于图片，借助视频手段等进行显示，无法移动观看，而且所传递的信息也有一定限制。借助于真正的全景技术，可以拍摄相关照片，在驾驶舱内观看场景，将文本以及图片运用到场景之中。

（三）全息投影技术军事应用

全息投影技术还被称作是虚拟成像技术，这种技术对干涉等原理进行运用，使得物体三维图像得以记录并且再次出现。到目前为止，全息投影被分为两类：一类是空中投影，另外一类是交互式投影。激光束投影具备 360° 显现技术，例如，美国将这项技术应用到战争之中，使飞机在沙漠上盘旋，导致伊拉克军队行军速度变低，这也使得全息投影技术得到人们认可。这项技术还能够构建电子沙盘，在电话会议中也能够贡献力量。

1. 全息电子沙盘

将这项技术与传统沙盘做比较，电子沙盘技术虽较为简单，但其内容是很丰富的，能够应用在很多方面。在借助 3D 头盔进行观看时，沉浸体验更好，但是无法进行自然交互，这一点对全息投影技术的发展是十分不利的。这项技术所构建的电子沙盘具有一定优势，其能够实现动态更新，也能够进行交互，组网非常方便，使用起来也很便捷。与计算机所构建的电子沙盘存在不同之处，在于只能够借助立体技术来进行显现，所以不需要过于复杂的环境，使用成本也是非常低的。目前，人们对无介质全息投影技术方面了解不是很多，全息技术面临限制仍旧是非常多的。

2. 全息电视电话会议

全息投影在电话会议中也能够发挥作用，在很久之前，美国商业大片对这种技术进行描绘，使其在电话会议中发挥作用。到目前为止，技术迅猛发展，技术被人们所了解。根据国外媒体的有关报道，很多企业都对全息投影商业应用进行相关探索。

（四）增强现实技术和混合现实技术的军事应用

增强现实技术（AR），是一种将真实世界信息和虚拟世界信息"无缝"集成的新技术，简而言之就是用计算机实时产生三维信息，来增强人对真实世界的感知。混合现实技术（MR），包括增强现实和增强虚拟，指的是合并现实和虚拟世界而产生的新的可视化环境。在新的可视化环境里，物理和数字对象共存，并实时互动。

1. 武器装备维修整套解决方案

增强现实技术和混合现实技术目前已经应用于尖端武器、飞行器的研制与开发、虚拟训练、武器装备维修等军用领域。特别是在工业领域，我国自有产权的工业用 AR/MR 眼镜已经可以通过深度学习的方式来提高机器视觉在工业领域的识别成功率，并将其应用于武器装备维修中。AR/MR 眼镜将多种辅助信息显示给维修人员，包括虚拟仪表的面板、被维修设备的内部结构、被维修设备的零件图等，提供整套维修方案，有效降低维修技术门槛。

2. 增强现实沙盘

电子沙盘和增强现实技术相结合的研究是虚拟世界技术在作战指挥中应用的重点，增强现实电子沙盘由电子沙盘底板和虚拟沙盘场景组成。不同于全息电子沙盘和虚拟现实电子沙盘，增强现实电子沙盘可以与传统沙盘一样，使用手的操作完成沙盘设计，并通过虚拟头盔内置的识别功能或显示器进行虚拟动态演示。既具有虚拟沙盘动态显示、易于交互的特点，也具有传统沙盘易于操作，便于交流的优势。目前这项技术还处于探索阶段，会在不久的未来得到实现。

3. 视觉战案研究系统

为提升现实技术的识别功能，战案互动讨论桌面包括两个部分：在下部屏幕上进行二维平面投影，在上部屏幕上进行三维显示。下部屏幕用于显示 2D 传统军事地图，上部屏幕用于显示 3D 虚拟战场环境。带有二维码的卡片用于绘制内容提示，方便用户在正面进行识别，绘制二维码图形，以便计算机可以轻松地在背面进行识别。将识别卡放置在屏幕上的任何位置下部，当屏幕进行移动和旋转时，相应的三维设备实时部署将出现在上部屏幕上的相应位置。识别卡不仅可以是绘图，还可以是具体的战斗动作，加入摄像机、灯光、天气等辅助信息，指挥官可以通过各种识别卡的不同组合，以简单、高效的方式在虚拟环境中体验真实的战斗效果安全的方式，并进行自然战争案例教学和战术实验。

第六节　其他前沿技术

一、军用材料技术

材料技术是一种根据人类意愿，通过相应的探索建构出不同的新材料技术。

新材料技术被称作"发明之母"和"工业粒子"。对新材料特性进行探索，新材料可以分为不同种类，而各种类型的材料特点也是不尽相同的，根据材料性能的不同也可划分为两类材料：一类是结构材料，另外一类是功能材料。前者主要对材料进行运用，硬度很大，耐磨性较好，也能够防止辐射；后者主要对电以及光等进行运用，实现相关功能。新材料能够在国防中发挥很大力量，地位不容小觑，例如，纯硅的开发使得集成电路得以产生，这使得计算机计算速度大幅度提升；汽车发动机温度提高到100度时，推力能够提升24%；隐身武器方面，设备的红外线辐射使其难以被敌人的检测系统发现。

军事新材料用途不同，依照其用途，可以被分为两类：一类是结构材料，另外一类是功能材料。这两类材料在航空工业中运用非常广泛。

（一）军事结构材料

在现代技术不断进步的状况之下，武器装备技术不断变强。信息战争时代，武器状况发展趋势也变为精致研制，这使得军事材料面临更大挑战。

1.铝合金

铝合金在军事工业中得以广泛使用，出现频率非常高，属于金属结构材料。其密度非常低，强度也比较高，方便加工。从结构材料角度出发进行探索，其加工性能非常优秀，容易做成不同截面，材料潜力得到较好体现，刚度等也得以提升。所以，铝合金属于武器轻量化的首选材料，其发展趋势也渐渐朝着纯度以及强度更高的方向发展，耐高温性比较强。在军事工业之中，新型铝锂合金的运用使得飞机重量有所降低。在航空工业不断进步的背景之下，其主要还是应用于实际，理论层面不足。

2. 超高强度钢和高级超合金

超高强度钢主要为了满足高强度需求而建造出来，在火箭壳体建造以及机身框架构造方面得以运用，还能够制作相应的常规武器。伴随着复合材料使用范围的不断扩展，飞机上所用的钢材数量逐渐增加。现在虽然降低了使用数量，但是在飞机之上，主要的承重部件还是选择高强度钢材料，到目前为止，300m 低合金超高强度钢在飞机起落架之上应用较强。与此同时，低合金超高强度钢 D6AC 也属于火箭机壳体的主要材料，其发展主要方向是对韧性以及腐蚀性能进行提升。

3. 复合材料

复合材料由不同性质材料组成，一般情况下包含基体材料以及增强剂等等。较为高级的复合材料综合性能比较高，很多复合材料都能够在军事工业中发挥很强力量。先进复合材料优点较多，如强度较高、耐腐蚀性较高以及隐身性等等，其在国防工业中运用较广，地位也比较高，是重要的工程材料。

4. 金属间化合物

金属间化合物拥有较强的金属键合能力，所以机械性能非常多。

在最近几年，金属间化合物渐渐变为较为重要的结构材料，优势慢慢凸显出来，在军工工业之中，金属间化合物得到合理运用。铝和碳化硅纤维增强型金属间化合物及其耐热新材料也能够用到坦克起步性能之中，提升战场生存水平。不同耐热组件可以促使坦克重量变强，提升战术可靠性。

5.结构陶瓷

陶瓷材料发展速度非常快，位居材料榜首，其慢慢发展到复合陶瓷。结构陶瓷性能优秀，应用前景较好，密度也很低，耐磨性和低热膨胀系数。

（二）军事功能材料

功能材料是利用声、光、电、磁、热、化学和生物化学对能量形式进行转化，如隐身材料等。

1.光电功能材料

光电功能材料是能够对组合信息进行使用的材料，其主要在军事工业中得以运用。锡、汞和锑是红外探测器的主要材料；氟化镁具有高透射率、良好的耐雨水侵蚀性和抗侵蚀性，属于比较优秀的红外透过材料。较为经典的激光材料，包括红宝石晶体以及半导体激光器等等。

2.储氢功能材料

一些过渡金属的晶格结构，氢原子比较容易渗透到金属晶格之中，产生金属氢化物。罐车中使用的铅酸蓄电池容量低，自放电率高，因此需要经常充电，维护和携带非常不便，容易影响放电输出功率和电池寿命。充电状态和温度的变化关系较为密切，例如，在寒冷天气下，坦克车的启动速度会大大降低，甚至无法启动，这会影响坦克的作战能力。储氢合金电池密度非常高，低温性能也是非常好的，使用时间很长，在电池未来发展中应用非常广泛。

3. 阻尼材料

阻尼指的是将自由震动固体与外界隔离开来，机械性能会变为热能。运用这类材料的主要目标是降低噪声，促使震动变低，所以这类材料在军事工业中意义非凡。

4. 隐身材料

伴随着攻击武器的进步，武器装备生存能力遭受很大威胁，只依靠武器防护能力并不符合实际需求。面对敌人的侦察体系，必须对其进行掩饰并采取相关行动，发现和消灭敌人已成为现代武器保护的重要发展方向。隐身技术的有效手段是使用隐身材料，隐身材料包含不同类别，毫米波吸收材料以及多种功能材料等可以减少毫米波的检测，与可见光的兼容也比较容易。在隐身性能得以提升的同时，还对新材料做出有效探究。纳米材料以及导电聚合物等渐渐在红外领域得到运用，隐身材料使得涂层更加轻薄。宽带材料，相容性也非常好。纳米材料厚度比较薄，属于新型隐身材料。目前，第四代超声速战斗机的机身结构是由复合材料制成的。机身整合了机身和吸收层，真正做到了隐身。隐身飞机已经使用了电磁波吸收层和电磁屏蔽层。美国和俄罗斯的地空导弹都使用了重量轻、宽带吸收的隐身材料具有良好的热稳定性。可以预见，隐身技术的发展已成为世界防御技术中最重要的主题之一。

（三）研究方向

目前，很多国家都对新材料发展非常重视，将新材料开发以及发展作为自身发展的主要目标，对其予以关注。这是技术发展的主要组成部分，在产业计划中贡献了很强力量。新材料技术被列为新世纪关键技术之一，并已发展为重点，以保持其在经济和科学技术领域的领先地位。

在政府的高度重视和支持下，中国新材料科学技术产业的发展也取得了长足的进步和成就，为国民经济和社会发展提供了有力的支持。

二、生物技术

生物技术指的是人们将现代生命科学作为主要研究基础，对不同学科的原理进行结合，运用较为先进的科技，依据合理的流程与手段，对生物学原理进行转化。为了实现相应目标，新技术在原料加工以及社会服务方面贡献力量，所以生物技术属于综合学科。现代生物技术所包含的领域是非常多的，其自身发展速度比较快，创新力度也很强。在社会不断运转的背景之下，各个学科都飞速进步，如有机化学、生物学以及遗传学等等。生物技术使人们的生活得以丰富，人们需求得到满足，问题得以解决，人类科学各个领域的技术的全面发展。

（一）生物技术的主要特征

生物技术包含不同种类，具体为传统生物技术以及现代生物技术。前者指的是较为古老的技术，如面包等制作；后者是新产生的课题，主要为基因工程以及细胞工程等现代生物科技。这些技术互相联系互相兼容，有一定的实际运用效果，可与不同学科互相结合，比如物理学以及数学学科等。基因技术以及生物仿生科技等不断发展，这些技术与传统生物技术做出对比，能够看出现代生物技术的特征：

1. 具有普遍性

在生物合成过程中，到处都有空气、水、植物、矿物质等。很多材料都是原材料以及阳光共同组成的，价格不是很贵，数量庞大。

2. 具有特殊的活性

生物分子之中的结构一般情况下都比较复杂，具备较为特殊的活性，具有敏锐洞察能力、较强的附着力等。

3. 系统结构紧凑

生物系统之中的信息代码等在分子水平之上，以较为合理的方式进行组装，这使得生物系统紧凑度更高。

4. 操作过程可靠

虽然生物材料合成过程相对来说较为复杂，但是其通常不会出错。生物系统能够及时找出错误并且可以进行更改，条件较为可靠，安全性也更高。

（二）生物技术的军事应用

1. 基因武器

基因武器以生物基因工程为基础，对军事需求进行分析与探索，能够对非致病微生物遗传物质进行改变，促使其产生细菌，并对人类生化特点的不同之处进行运用，使得这类致病细菌发挥作用。其被包含在生物遗传学范围之内，基因武器价值比之前的生物武器更高，在军事中运用频率更高。人类基因图谱的成功破解使得基因武器有机会产生，到目前为止，世界军事力量都在对基因武器进行研发，各国都想占据有利地位，起到引导作用，因此各个国家都对基因武器进行关注并不断努力研究。美国政府在生物工程探索方面投入很多资金，以马里兰军事医学研究所为主要研究中心，研究人员找出了价值较高的遗传武器，如酿酒酵母等。俄罗斯设计了特殊炸弹，这种炸弹可带来炭疽病，毒素能够通过基因工程得以产生，这种毒素对所有抗生素都具备抗药性，找不到任何的解毒剂。德国军方正在研制能够对抗抗生素的生物武器，包括毒素病原体等。

2. 信息检测与处理

生物传感器对分子之间特异互补进行运用，对特定核酸序列进行快速分析。军事生物传感器技术能够借助于这项科技，对受体以及细胞等进行结合，可以对不同生物战剂做出识别，也能够进行较为精确的检测，运用计算机指出合理的治疗计划。生物传感器也能够对炸药进行测量，对敌人具体信息做出检测，找出敌人地雷以及炮弹等具体位置以及数量。在生物技术不断进步的背景下，人类对信息处理的水平也有很大程度提升，生物技术与计算机技术紧密结合起来。21世纪发生了计算机革命，生物计算机主要将DNA分子密码作为主要载体，对分子生物科技进行运用，将在未来促进武器装备的信息化、小型化和智能化方面发挥重要作用。需要将预反应DNA作为输入数据，后反应DNA序列作为运算结果，不仅使其比普通电子计算机更智能，而且使计算速度比普通电子计算机快得多。生物计算机仍然很大，可以存储在1.3米DNA溶液中的数据将超过全球所有计算机的存储容量。

3. 军用生物材料

军用材料具备特殊的能力，其对现代生物技术进行运用，对传统技术加以创新或者改良，重量比较轻，强度也非常高，性能比较好，能耗也不是非常高，生产成本能够得到控制，生产用时不长，速度较快，所以其在军事应用中价值很大。到目前为止，各个国家都在对生物材料进行探索，如纤维材料以及光电材料等。在未来的发展进程中，不同生物材料都将在军事装备中得到运用。例如，美国得到蜘蛛丝合成基因，并对其进行移植，使其存在于细菌之中，并且可以很快地进行繁殖，之后合成较为特殊的蛋白。其强度比普通钢高很多，可塑性也比普通钢材料要高出30%，抗冲击能量系数比普通钢高出50倍，比较适合用于防弹衣以及防弹头盔的制作。也可以用在装甲材料之中，如船舶材料以及防污涂料。

4. 伪装

在现代技术迅猛发展的今天，军事侦察技术水准也不断提高，侦察覆盖范围格外广泛，战场隐秘性变低，透明性变高。与此同时，精制武器也在不断完善的过程中。所以，对生物技术进行开发与创新，找出具备隐身功能的新型材料，是各国生物技术关注的重点，也是战斗力提升的主要手段，在战争中占据举足轻重的地位，也是提高生存能力的必要方法。迷彩材料在28℃时会变为红色，而在33℃时则会变为蓝色，在温度较低的情况下会变为黑色。其具备全光谱颜色特点，能够对目标生存能力进行提升。美军的变色龙迷彩服是以全光谱为基础的蛋白纤维而制成，由变色纤维制成的尼龙布能够根据环境的改变而变换颜色。法国在研制伪装服，其不仅能够根据环境特点改变衣服颜色，也能够屏蔽雷达等电子设备。除此之外，受到机翼色彩鳞片的影响，研发出特殊织物。这种织物能够依据地面形状的改变而变幻出不同颜色，使敌方侦察工具很难发现。

5. 军事功能食品

现代战争对士兵的身体素质、智力以及心理素质等都提出更高要求,所以,军事食品不仅仅能够提供营养以及能量,还能够提供饱腹感,降低战争对人员的消极影响。刺激性食物等能够提升大脑反应速度,以及人体免疫机能。传统工程技术的应用无法适应痕量的生产,现代高科技食品的产生有助于解决这个难题。基因工程以及其他生物工程等液体能量棒都由酶工程技术研发。借助于对糖分比例的调整来控制葡萄糖的释放速度,可以缓解压力以及疲劳,使得军队人员维持能量的需求。还能够通过发酵技术来提高军用食品功能,进而改善睡眠的质量,提升睡眠持续时间,对人体机能进行调整,使得士兵睡眠质量有所提升,具备强度较高的军事行动能力。

（三）应用前景

作为新能源等高新科技,生物技术被包含在高新技术领域之中,引起较多关注,尤其是军事领域。其在军事领域之中的应用包括伪装、隐身以及功能食品等。相关研究人员还在其他领域取得探究成果,纳米生物技术在追踪方面进步较大。特别是在信息技术条件下,战斗行动激烈,战场形势严峻,瞬息万变,有利的战斗机转瞬即逝。指挥官不应过分追求战斗决策的准确性,因为延长决策活动的时间会导致战斗人员死亡;也不会盲目而轻率地下定决心追求效率,这样会在决策中犯错。最合理的方式是在决策活动中将效率的提升作为主要关注点,对任务做出详细分析,找出矛盾所在,在追求时效性的同时保障准确性以及效率。我们应始终以遵循准确性为前提,在这个基础上对时效性进行关注,努力在解决矛盾中找到两者之间的最佳平衡,从而通过准确的判断和果断的决策来优化运营决策的有效性。

第六章
智能化战争的备战要求

任何善于思考的人都必须是一个能够根据
自己的思想采取行动来追求对人类最有益的事
物的人。

——亚里士多德

智能化战争时代即将来临，我们既要紧跟潮流、顺势而为、及早准备，不被时代淘汰，也要善于引导、积极应对，创新智能化作战理念、加快智能化技术发展、培养智能化作战人才、打造智能化训练模式，加紧形成智能化作战能力，夺取智能化战争战略主动，打赢未来智能化战争。

第一节　创新智能化作战理念

在智能化战争尚未到来之际，理论研究先行一步，抢占未来战争理论创新制高点，并指导军事智能化建设和训练作战实践，是应对智能化战争的客观要求和当务之急。2018 年 7 月，美国国防部就启动了"人工智能探索计划"，要求在一年半内完成军事人工智能新概念的可行性研究。

一、确立新理念

（一）"智能主导作战"

智能化时代，作战体系结构发生革命性变化，从"数据—信息—知识—智能"能力层次体系可以看出，处于顶层的智能最具决定性，这种能力运用就是将海量情报信息的有价值部分，通过大数据关键技术、模糊记忆算法挖掘出来，并使之成为知识架构的一部分，前瞻预测未来事态的发展变化，基于案例分析和深度学习提出决心建议，提升情报信息的运行速率和利用效率。适应智能化作战能力需要，军事活动的主导因素将由"信息主导"转化为以大数据、深度学习、边缘计算、超级网等技术为支撑的"智能主导"。融合大数据与云计算等技术，以智能管理与聚合平台为基础，将在战场感知、态势研判、任务规划、调控行动、效果评估等军事活动中全程实现智能化，逐步演变为智能主导、认知对抗为基本模式。

（二）"软件定义一切"

算法、数据和算力构成了人工智能发展的"三驾马车"。算法是用好数据和算力的关键，处于核心地位，控制着军事活动的速度、效率和耐力等因素，算法的主要体现形式就是软件系统。所谓"软件定义一切"，实际上就是将军事解决方案规范化、标准化，形成标准化软件系统，通过数据和算力"加持"产生强大的聚合力。在军事智能化领域，谁创新和控制了算法，谁将占据军事智能化主导地位。美军为抢占军事领域智能化的制高点，专门成立算法战跨职能小组，积极推进算法创新与运用，半年时间就开发出首批 4 套智能算法。美国辛辛那提大学研发的"阿尔法"智能软件，使用"遗传模糊树"的新算法，其反应速度比人类快 250 倍。中国科学院梅宏院士认为，"软件定义一切"已然成为一种客观需求，并呈现快速发展态势，其主要体现形式将是软件"基础设施化"，软件也将"重新定义"传统物理世界基础设施和社会经济基础设施，对人类社会的运行甚至人类文明的进步将起到重要的支撑作用。

（三）"技术驱动交互"

随着超大规模计算、量子计算、云计算、大数据、类脑芯片等技术的进步，将使人工智能的信息处理与控制技术获得极大发展，即将对传统的作战平台进行系统性升级，提升智能、自主水平，也将推动产生新的以智能无人平台为主体的新装备体系。系统全面提升作战平台在智能化战争的贡献率和参与度，人的中心地位将逐步动摇，推动人逐步脱离战争中的物理交互，更加趋于后台、后方，更加趋于人与武器物理脱离。作为新一代军人，必须看到这种深刻变化，主动适应这种变化，积极主动确立自己在智能化战争的位置和作用。2017 年 5月，时任美国国防部副部长罗伯特·沃克曾表示，新兴技术与能力的融合，特别是人工智能、机器人技术以及人机交互的开发，正在改变战争的性质与冲突发生的方式。

（四）"价值大数据为王"

大数据是智能化时代最重要的资源，数据优势将是获取一切优势的充分条件。智能化条件下，数据驱动决策成为可能。人们在决策过程中主要利用大数据软件，处理各种传感器或模拟实验产生的海量数据，将得到的信息或知识存储在计算机中，再基于各式各样的数据而非已有规则编写程序，利用高性能计算机对海量信息进行挖掘，并智能化地寻找隐藏在数据中的关联，发现未知规律，实施决策。2017 年12 月，《华盛顿邮报》发文称，根据美国军方的一份报告，未来战争将愈加依赖人工智能、大数据与云计算。资料显示，美国海军在研发一款微型机器人潜艇时，将潜艇放入水下自动运行并收集各种数据。每隔1小时短暂浮出水面，通过卫星回传数据。技术人员基于海量数据的分析结果，不断改进完善设计方案。

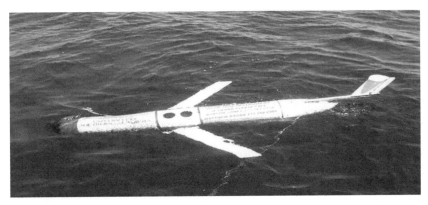

美军无人潜航器

二、前瞻新理论

"作战理论是以过去的经验及对未来可能出现情况的有根据推测为基础概述的作战纲要"[一]。智能领域新的颠覆性技术，为军事理论创新开辟了新的空间，必须系统性的进行军事理论研究，既要前瞻思考应用理论，也要搞清基础支撑，还要了解基础原理。

（一）完善智能基础学科

人工智能的学科支撑主要包括数学、物理学、化学、材料学等，必须围绕人工智能的底层支撑，进行深入的理论研究和学科建设，建设新型研究型大学，加大政策倾斜力度，培养基础理论研究人才，整

㊀ 彼得·W.辛格.人工智能走上战场［M］.2012.

合高校、企业和科研机构力量，同步完善自然科学基金项目管理机制，为科技发展提供长远动力。

（二）发展专门智能科学

以现阶段快速发展的人工智能、深度学习、大数据、量子计算等理论为核心，以脑科学和认知科学为补充，建立研究智能本质和实现技术的跨物理学、生物学、信息学等学科的专门智能科学，将交叉研究作为智能科学研究的重点方向，并聚拢各领域前沿科学家，建立如美国圣菲研究所一样的智能科学高塔。2018 年 8 月，美国正式组建的人工智能国家安全委员会，负责人工智能、机器学习等技术进展情况的审查，抢占军事智能化话语权。俄军在演练中使用新研发的智能化武器装备，开展各种复杂作战环境下的兵棋推演，研究人工智能在战略、战役和战术等各层面的作用和影响。

（三）推进军事智能应用理论研究

过去受各种条件的限制，军事理论研究多是"向后看"，即总结战例，形成作战指导。随着现代技术，尤其是大数据、云计算等颠覆性技术的飞速发展，使作战理论研究摆脱了传统的跟进式、归纳推理式的模式，走入了实验战争、设计战争的新时代。为此，我们应按照"提出概念—需求分析—创新理论"的思路，创建智能化战争基础理论，深入研究智能化战争的概念内涵、本质特征、战争指导、作战样式、攻防行动、制胜机理、特点规律等内容；创新智能化作战方式方法，充分发挥智能化作战体系整体效能，加强人机协同智能作战、智能化机器人作战、智能无人集群作战等新的智能化作战方式、方法研究，以及智能化作战指挥、智能化作战保障，加速理论研究在实践运用中的转换。

三、构建新思维

思维建设不能"夺人眼球"，却深刻影响军事人员的作战思维习惯，对智能化作战能力建设影响"润物细无声"，是提升智能化建设效益的重要抓手。

（一）提升对智能技术的信任度

智能化作战中，人与智能化作战系统共同发挥作用，智能机器逐步演变为人类的亲密"战友"，需要引导人与智能机器逐步建立互信关系。人类要在充分了解智能化作战系统的技术机理基础上，学会把智能机器视作"无声的战友"，引导机器按照"类人化"思维深度学习、系统分析、"定制性进化"，信任机器做出的判断与结论，助力其提升专项能力，主动适应，系统性地提升智能化战争作战能力。

（二）培养人机协作间的默契度

智能化系统在可预见的范围内，还很难具备自我意识、自主功能，更多的是在占有大量人类军事活动产生的案例、战例、模型的数据基础上的进行类比学习、深度分析基础，产生的经验累积和自我进化，不具备创新创造能力，与"战争不复"，因时因地因敌不断调整完善方案计划的原则要求并不相符。所以军事人员特别是指挥员与一线战斗人员，应当信任却不盲从系统，在训练、演习、模拟交战等活动中与系统深度互动，找准人机最佳契合点，力求实现人机无缝交互，提升作战能力。

（三）提升对智能系统的容忍度

智能化战争发展漫长而艰苦，智能化作战系统诞生之初，必然先天不足，存在不会用、不好用的情况。军事人员应当容忍系统存在不足，通过摸索使用，提出改进建议，形成军事需求与技术开发的良性互动循环，最终形成性能强大、功能完善、操作友好、人机融合的智能化作战系统。反之，若简单采取否定态度，一味地陈述系统不足，不去琢磨如何改进与完善系统，不仅无益于智能化作战系统的演化，还对智能化作战能力的建设造成了无形的阻碍。

第二节　发展智能化的系统装备

智能化系统装备是智能化战争的物质基础，智能化作战应紧盯世界先进技术发展，大力推进新型武器装备研制，着眼自主化、小型化发展方向，突出智能化感知、智能化指挥控制、智能化决策和无人攻防等功能，不断催生以智能化为核心的新质量战斗力生成与提升。

一、发展智能技术基础项目

人工智能基础方向的探索，应重点发展5项核心技术：一是大数据和云计算技术，其是全域监视、精准识别、自主打击网络的底层技术架构，应重点进行"数据云"作战概念研究，实现信息跨域融合、体系精准释能，为智能化武器装备提供基础支撑。二是自主深度学习与神经网络计算技术，其是模仿人脑机制的基础技术，应重点进行机器人"超级脑"概念研究，开发"会思考""能自主"的智能系统，支持设计战争、任务规划、指挥决策等行动。三是自主控制和协同控制技术，其是模仿人类配合协同的基础技术，应重点进行机器人"族群作战"概念研究，实现有人/无人平台的无缝配合、无人平台群队协同作战。四是脑机接口和控制技术，其是基于意念的智能操控基础技术，应重点进行大脑神经生物信号采集、处理以及人机高效协同等技术研究，实现机器人感知与认知的复杂任务控制。2016年，美国亚利桑那州立大学公布了一个关于脑机接口技术实验的视频，展示了操作员利用脑机接口技术同时操作3架无人机。五是军用机器人技术，其是定制生成作战力量的基础技术，重点进行"智能化作战平台"概念研究，实现军用机器人代替士兵执行侦察监视、信息处理、排雷破障、精确突击等任务。

脑机接口技术

二、研制智能化感知系统

态势感知的难点主要表现在4个方面：一是空间复杂性，参战人员和平台多样，空间连续、虚实交错；二是时间复杂性，动态微分博弈，动态力量带来时间交叉，不是一般的序贯决策；三是信息复杂性，信息不完整、不完美、不对称、不确定,充满虚假和迷雾；四是表示复杂性，多种信息综合，属性种类繁多，这些复杂性在一体化联合作战行动中体现得更为明显、更加复杂，要打赢智能化战争必须解决这一突出问题。

在装备研制和技术攻关方面，应突出抓好3个方面：一是运用目标自识别技术、新型自组网技术、自然语言处理技术等，提升全域侦察、预警机、探测雷达等装备系统的精准发现、自主识别、智能研判、抗毁抗扰等性能，加快构建多域共享、多维互动、有人/无人、军民一体的大侦察情报体系。二是打造大数据关联（模糊）研判、量子计算超算研判、多平台分布研判的后台支撑体系，构建智能化战场态势感知系统，解决战场感知面临的信息量大、复杂度高等难题，实现战场海量数据的多源获取、分类去重、多域融合，使军事指挥员能够实时掌握战场态势，提升战场综合运用效益。美国密苏里大学利用人工智能技术和卫星地图数据分析寻找防空导弹阵地，准确率达到98.2%，比人工研判效率提高81倍。三是围绕海量情报信息，基于毫秒、微秒级作战需求，打造边缘计算、自主访问、按需分发的侦察情报保障链路，使战场态势信息能够精准、快速直达用户，发挥情报态势效益。事实上，解决了战场态势智能认知问题，就解决了一大半智能化作战系统的问题。美军、俄军、法军、德军等均装备了具有智能化信息感知与处理能力的数字化士兵系统，如美军的"奈特勇士"、俄军的"战士"等，单兵作战能力大增。

美军"奈特勇士"

三、研制智能化指挥控制系统

指挥控制系统是无人平台智力的保证、指挥员快速决策的支撑、人与平台结合的通道，研制过程应突出抓好3方面：一是备好数据，引入区块链技术，有机融合并实时采集战略、自然、社会、信息环境等静态和动态数据信息，通过元数据对资源的描述和组织，以及元数据技术在网络中心化环境中的应用，提高数据的可见性、可访问性和可理解性，解决资源共享机制中信息发现、获取和理解等主要难题。二是创新算法，开发战场信息快速收集、分析、理解的模型、算法和技术手段，实施高效辅助决策。2017年12月，美军情报分析人员使用含特殊算法的计算机，对"扫描鹰"无人机在中东地区所拍视频进行识别，准确率高达80%。三是优化流程，构建无缝链接，稳定可靠，能够贯通陆域、空域、信息域等领域的指挥控制网络，有效支撑任务部队控制作战行动。基于网络、扁平、分层和互访式等指挥方式，优化"获取信息、掌握态势、判断决策、协调控制、效能评估"流程。

四、研发智能化辅助决策系统

联合作战辅助决策系统能够辅助指挥人员或参谋人员进行情报处理、行动分析、方案优选，从而提升指挥决策效率和作战行动效能，成为智能化战争中将"信息优势"转化为"决策优势"和"行动优势"的关键技术支撑系统。美军在保障辅助决策方面开展了大量研究，积极推动辅助决策技术在军事领域的广泛应用，牵引提升作战能力，值得我们学习借鉴。主要包括5类系统：一是舰艇防御人工智能辅助决策系统。为帮助舰艇防空作战中的指挥员，在综合考虑时效性、经济性等条件下，快速准确地在发射导弹拦截和采用信号干扰之间做出抉择。美国麻省理工学院（MIT）林肯实验室于2016年开发出一款基于学徒调度的人机协同优化（COVAS）系统，使用人工智能算法来模拟专家的决策，可以为指挥员提供实时舰船自防御调度方案。该系统是当前仅有的、可实时制定舰船防御调度方案的人机协同优化系统。二是指挥官虚拟参谋。2016年，美国陆军启动的指挥官虚拟参谋项目，可帮助营级指挥官监控作战行动，实时评估保障行动，在复杂环境中为指挥员决策提供有效信息。该项目可完成任务分解、工作流程组织、方案评估、可视化分析、自动化处理等多项任务。三是自动计划框架。2017年，美国陆军开发的自动计划框架系统可帮助指挥员分析军事决策过程、评估装备保障行动过程，提升指挥官规划和发布指令效率。自动计划框架系统包含计划模型、计划生成器和计划监视器，其本质上是自动化工作流程，将一系列标准的图片和地形图加入了战场数据，为指挥决策提供参照物。在它的协助下，指挥员可经由决策程序同步工作或按时生成最佳计划。四是"指南针"系统。2018年3月，美国国防部高级研究计划局（DARPA）战略技术办公室发布了一项名为"指南针"的项目，系统内置的指挥员工具箱，可帮助指挥员快速精准决策。该项目包含三个技术领域，分别为敌人的长远规划、战术和实时作战环境短期态势感知和指挥员工具箱。"指南针"系统采用先进技术，可帮助指挥员实现关键基础设施目标打击、信息作战、政治压迫、经济威胁、安全部队救援、选举干预、制造社会不和谐等目的。五是联合全域指挥与控制。2020年11月3日，美国空军提出联合全域指挥与控制（JADC2）的概念，即通过传感器将各个系统链接，可感知全域态势。该系统搭配最新的作战认知助理能力，可利用预测分析和优化的人机交互，为指挥员决策提供帮助。

人工智能辅助决策

五、研发无人作战平台系统

智能化武器装备的显著特征就是无人化作战，应积极研究构建智能化作战力量体系，促进新质作战能力生成。一是系统研发无人平台。围绕建设体系化，区分空天、地面、水上、水下、仿生、纳米、类人、族群、智群等 10 类无人平台，系统规划，统一标准，整体建设；围绕打击精确化，为无人平台加装高速信号处理和反馈能力控制装置，高速实时处理大量信息，提高无人平台命中精度和效能；围绕操作自动化，采用微计算机控制，使无人平台与战场指挥控制系统联网，实现无人平台自动控制；围绕行为智能化，开发无人平台自记忆、自寻的、自选择、自跟踪、自识别和自协作功能，不断提升自组织自协同能力。二是加快推进无人作战武器装备一体化建设。运用信息技术的渗透性和联通性，把各种作战单位和要素融合为有机整体，促进各类无人作战平台之间、有人与无人作战平台之间、作战与支援保障平台之间相互兼容，实现互操作和赋能增效，发挥体系作战最大效能。全面提升无人作战攻防协调发展，强化攻防装备和主战保障装备一体化建设，在多手段加强无人作战进攻能力的同时，积极发展高效反无人作战技术能力，通过人工智能方式提供技术支撑，增强无人作战平台的自主性和可控性。三是构建智能综合保障体系。围绕保障无人平台作战效能的发挥，顶层谋篇布局、聚集高端智库、突破关键技术，形成智能化、无人化产业集群优势；连接"资源云端"与"需求终端"，构建军地融合共享"保障网"，实现资源共享、技术共享、信息共享，构建作战平台动态升级、维护维修综合保障体系。

第三节　培养智能化作战人才

未来智能化作战，主要形式是智能作战平台对抗，但本质上仍是人与人智慧、精神与意志的较量，思维模式、指挥方式、作战方法上的角逐，提升军事人才的信息化、科技化、智能化素养将显得尤为重要。必须抓紧探索制定智能化人才体系标准，充分利用军地教学资源，加大配套人才培养力度，为推进智能化战争准备提供智力支持和人才保障。

一、准确把握智能化作战人才的标准要求

（一）群体高智

智能化战争中，作战人员脑力在战斗力构成体系中占比大幅增大，智能作战平台进一步强化了体系之间的对抗。通过提升作战人员脑力水平，可带动战斗力的进一步跃升。未来智能化作战对指战员智能的要求越来越高，对于智能化战争作战样式、制胜机理、支撑技术的掌握程度成为决定战争胜负的重要因素。需要强调的是，这里所说的高

智能力并非指单个人员的智力高低，而是作战人员群体智能通过关联算法、智能系统的高整合度，通过运用智能算法弥补实现单个人员专业技术不足的问题，提升军队整体作战能力。

（二）知识复合

智能化战争中，指战员知识结构将呈现跨多学科的高复合性特性，对信息、智能素养要求极高。从当前问世的智能化作战平台分析，作战人员在进行决策和武器操作时，必须掌握数据分析、机器人技术、增强现实技术、网络技术、模式识别技术等专业知识。知识结构维度多、学习难度大、更新迭代快，要求官兵养成持续跟进学习的习惯，改变传统作战知识以社会科学学习为主、以作战经验积累为主，加大自然科学的学习力度，加大思维创新能力的训练。

（三）技能精湛

智能化战争中，高科技智能化武器、装备、系统所占的贡献率逐步加大，装备底层的深度学习、大数据、生物识别、语言处理等核心技术要求参加人员深入了解其性能，掌握对应系统的操作方法。智能作战平台的技术水平含量越高，对于操作人员的要求也越高，没有专业知识的官兵将难以胜任岗位要求，作战人员必须要经过高强度的知识学习、高频次的操作训练，以及高变量的知识更新。才能熟练掌握相关技能。以往"一训用终身""一招鲜"的情况将一去不复返。

（四）全员创新

创新力将成为人才能力框架的重要指标，将成为军队战斗力的重要增长极，人员的创新热情将得到极大激发，求新求变求异、超常超前思维将会成为主流。智能作战平台将提供强大的运算能力和基础支撑，全员创新将走出院校实验室，军地专家和一线指战员都可以利用虚实平台进行作战试验，如"多域精确战"作战概念创新、"人机""机机""有人/无人"组成应用创新、虚拟仿真验证、无人平台个性化升级探索等将成为常态。

深度学习

二、超常措施培养智能化作战人才

（一）紧前出台指导性政策文件

在顶层设计上，以智能化作战能力需求为牵引，围绕体系作战要求，出台关于智能化作战人才建设的指导性文件和发展路径设计图，带动院校、培训机构、部队创新设计教学训练计划、方案，帮助官兵克服等靠思想和廓清模糊认识，第一时间突破思想观念上的局限，衔接展开针对性训练。在智能化人才队伍建设方面，将智能化作战人员的岗位要求具体化、精确化，衔接人力资源和社会保障部新发布的人工智能工程技术人员、物联网工程技术人员、大数据工程技术人员、云计算工程技术人员、数字化管理师、无人机驾驶员、物联网安装调试员、工业机器人系统操作员、工业机器人系统运维员共9个智能领域新职业，细化明确智能化作战人才相关岗位标准及能力标准。如作战数据采集/挖掘员、情报信息分析员/处理员、无人平台（武器）操作员、网络攻防员、智能算法工程师等，实行上岗资质考核制，引导官兵自主升级知识结构和技能体系，加速思维理念迭代。

（二）适度超前加大院校培养力度

智能化作战人才培养的基础在院校、重心在院校，在院校学科建设上应对接教育部颁发的《高等学校人工智能创新行动计划》，加大对应师资力量培养力度，进一步创新和完善学历教育课程体系。在非智能技术相关专业中增加智能技术通识课，衔接智能化战争发展需求；在智能技术相关专业，区分为研发型、应用型。研发型突出领域深度，引领技术前沿；应用型突出实战应用，围绕使命任务、战法创新研究实用性智能化装备和系统。在人才继续教育方面，充分利用一线官兵二次入校学习机会，注重开拓思维、突出实用性，以信息化、智能化作战为牵引，充实相关知识和技能。近期目标优先达到信息化作战要求，远期实现向智能化作战岗位的过渡。

（三）注重结合任务加强针对性训练

打通信息化战位向智能化兼容升级的路径，立足现有岗位资源，节约人才培育成本。在指挥层面，优先在指挥中心战备值班岗位上应用信息整合处理技术，增强值班效率，后期逐步向智能作战决策系统过渡；在实兵与模拟对抗演习中，进一步探索信息化与智能化战法，在情报获取与处理、态势分析、地形/气候可视化、保障力量智能调度等方面，大力使用智能技术；在训练方面，优先锤炼"数据依赖型"作战力量官兵的信息化、智能化作战素质，如信息保障、联勤保障部队，优先探索使用较成熟的智能技术，争取实现智能化作战战法上的率先突破；针对物资供应、网信中心等信息流量大的单位，整体配套使用地方成熟经验的，先行试点智能化管理，锻炼和储备相关数据处理人才；在智能化武器装备操作上，利用现有新质作战部队资源，实现轮训制，选派其他类型部队部分官兵派驻学习，实现辐射效应。

（四）创新军民融合成才平台

我国人工智能发展起步较快，集聚了大量研发人才，这是我们迎头赶超世界强国的底气。须不拘一格吸引顶尖研发人才进入军队，给他们创造良好条件和优厚待遇，鼓励他们为强军、兴军建功立业，为军事智能化发展做出贡献。邀请军地专家系统全面地开设智能化战争、智能技术等课程，解决一线官兵接触前沿智能技术渠道窄和时效差的问题，帮助他们拓展视野。由于智能技术具有明显军地通用性特征，在人才培养上应大胆走出军民融合新路子，吸收地方先进经验与做法，对于信息通信、人工智能、算法开发等专业人员的培养可依托地方教育机构完成，人才培养标准上可参考地方成熟标准。如引进华为ICT工程师认证体系，缩短人才培养时间。

第四节 创新智能化训练模式

当前，智能化作战行动已在现代战争中崭露头角，作战理念的更新、作战方式的变化，正在呼唤训练模式由"机械＋信息"主导型向"智能＋"主导型转变。探索迈开智能化训练新步伐，推进智能化作战能力提升，将成为未来练兵备战的重要内容。

一、强化智能化思维训练

智能化思维并不是天然形成的，需要通过后天训练进行强化。智能化战争本质上是"认知中心战"，"制脑权""制智权"逐渐成为作战制胜的核心。适应这种制胜机理，应大力开发"脑域"的智能化思维训练，掌控未来战场战略制高点。一是开展智能化认知思维训练。重在强化智能化作战认知思维能力，掌握传感技术、大数据技术、机器"深度学习"等智能化知识，围绕智能化作战的感知、理解、推理等环节开展针对性训练，从而把握智能化作战的基本原理、制胜机理和特点规律，提升智能化作战认知的速度和精度。二是开展智能化体系思维训练。重在加强以智能为中心的多力量、多单元、多要素融合思维训练，提升"智力＋火力＋防护力"的智能化体系作战能力，实现各作战资源的同向聚力。三是开展智能化人机互动思维训练。重在强化人和智能化系统的人机互动思维训练，实现"人在环中"参与训练到"人在环上"监督训练，到最后"人在环外"自主训练，充分发挥脑机融合的训练效用，实现人和智能化系统的完美结合。

二、落实智能化技能训练

这是打牢官兵技能基础、提高智能系统效能、推动部队智能化作战能力快速提升的有效途径。一是强化装备操作训练。重在了解智能化系统运行原理，掌握智能化装备操控方法，熟悉无人化平台操作技能，把握逻辑诱骗、集群攻击、供应链破坏等作战样式精髓，提高驾驭智能化作战的核心能力。二是强化人机交互训练。根据人机交互规律，开展交战规则设定训练，使系统始终保持在规则范围内开展行动；开展人机链路通信训练，加强人机协作时各个层级的通信联络，通过训练提高人机之间、机器之间的信息链接质量。三是强化智能系统拓展训练。强化系统语义识别训练，通过反复"深度学习"，使智能系统能够快速理解作战意图，并对目标形成正确认知；强化智能系统纠偏训练，创新智能算法运用，针对智能系统超出作战预想或者行动边界等情况，对智能化装备在行动参数、系统经验以及训练记录等方面，及时进行纠偏，降低系统误差，提高系统作战可靠性。

三、深化智能化指挥训练

人工智能对作战的影响主要在于指挥决策领域。为此，应着眼智能化作战指挥决策特点，不断深化智能化指挥训练。一是拓展指挥训练内容。结合智能信息系统自主识别、自主判断、自主规划、自主决策、自主评估等特点，创新开展分析判断情况、确定战斗构想、制定战斗方案、定下战斗决心、拟制战斗计划、实施战斗推演等方面的训练。二是创新指挥训练编成。依据"人在环上"人力主导、"人在环中"临机调控、"人在环外"自主指挥三种模式，按照"人机融合、混合编组、联合训练"的思路，开展不同形式的人—机协作指挥编成，合理编配人—机职能、数量，理顺指挥组织体系，提升指挥训练效果。三是优化指挥训练评估。拓展智能系统指挥训练评估功能，完善评估方案，对人工分析、智能分析、人机结合分析的指挥训练数据进行自动匹配，形成智能为主、人工为辅的信息处理模式，提升指挥训练评估的科学性和准确性。

四、突出智能化协同训练

智能化行动的本质是自主化作战，其关键是无人平台的自主协同和人机之间的密切协同。一是加强平台自主协同训练。智能化无人作战平台组网更加便捷、协调更加灵敏、行动更加自主的特性，强力改变着作战力量结构和运用方式，正在向多平台编组行动和多群组协同行动发展。虽然无人作战平台事先输入了行动程序，但也离不开大样本自主协同训练试验，从而不断优化行动规则、行动路线和行动方式。二是加强人机协同行动训练。智能化作战在一些关键地域、关键阶段，往往是人与无人作战平台同时行动。鉴于无人平台通常是按照既定程序开展行动，因此应不断强化人的主观能动性，加强人与无人平台的自主协同训练，掌握无人作战平台行动特点和人机协同训练规律，达成人与无人平台行动的无缝对接。三是加强网络电磁空间协同行动训练。智能化作战主要依赖于网络和信息传输链路。电子干扰、电磁欺骗、网络攻防等网络电磁空间的行动，如果协同不好，将不同程度地影响智能化装备系统作战效能的发挥。因此，应加大网络电磁空间协同行动训练，强化各种作战行动的自主协同，避免网络电磁空间对智能系统的干扰破坏。

五、实践专家全程跟训模式

针对联合作战装备新、战法活、力量多的实际情况，组织装备保障训练应充分发挥装备保障专家的"智囊"作用，全程参与保障训练筹划实施，确保每项训练内容科学合理、充分论证、标准明确。应利用装备云平台构建军地院校、科研院所、装备承研承制单位、保障部（分）队等组成的装备保障训练专家库，根据训练规划的论证要求，智能遴选有关专家参与论证过程，形成紧跟联合作战变革的《装备保障训练大纲》。应运用高效互联的装备保障网络，邀请专家全程指导装备保障训练，抓好保障训练方案制定、标准完善、组织实施等工作，研讨解决训练中遇到的突出问题，做到每个科目、每个标准都科学论证、每个方案每个措施有据可查、每个专业每项训练有序进行。借鉴美军国防部"训练转型小组""高级顾问小组"的运用经验，成立联合作战装备保障训练专家组，督导各级装备保障训练部门贯彻落实"保障能力为基础、量化评估为手段"的考评理念，生成数据翔实、结论准确的训练专家评估报告，为各级保障部门及官兵找差距、补短板提供客观依据。

六、创新智能仿真训练模式

随着大数据、虚拟现实等技术在联合作战中的推广运用，拓展了不同层次的联合作战装备保障训练理论创新，促进了智能仿真训练新发展。美军确立了构建网络化"实兵（L）—虚拟（V）—仿真（C）"训练与任务演练环境的转型建设目标。美军"领导者"沉浸式训练环境（ELITE）的目标是为美国军队的初级领导人提供领导和基本的咨询服务，体验融合了虚拟人、课堂反应技术和实时数据跟踪工具，以支持人际沟通技巧的指导、实践和评估。可以为各层级指挥员提供实时数据分析、动态战场感知、战术手段决策、管理调优分析等。美海军大西洋舰队运用远程可视技术开办装备保障维修网上大学，为保障人员提供了理论教学与技能培训的"可视化环境"。加强联合作战装备保障训练，应加紧构建智能化联合作战装备保障模拟仿真平台，运用增强虚拟现实技术，研发新型装备保障训练设备，营造逼真联合作战环境。应建立联合作战装备保障模拟训练中心，运用装备保障信息网络，构建分布式联合训练场景，综合集成作战部队、科研院所、装备承研承制单位训练资源，为组织军地一体化装备保障综合演练提供支撑。应加强与"智慧海洋""智能港口"等新兴产业的协作，加强融保障设施、保障设备、保障器材、保障人才等于一体的培训教材库，通过数据网络实现装备保障知识资源的优化运用、聚焦释放，走出装备保障人才知识管理的新路子。

"下一步飞行员训练"
课程的学生正在接受
虚拟现实训练飞行

七、创新训练智能评估模式

针对联合作战装备保障训练评估系统存在各业务系统数据格式不规范、不统一、兼容性不强等短板弱项，通过装备保障智能化建设，统一硬件接口，统一数据标准，统一评估系统，依托全军指挥自动化网、军事综合信息网、野战装备指挥所局域网建立网络体系，必要时可采取借用民用通信光缆加密方式建立更为畅通的评估通信网络。应建立按级依权装备保障训练评估指标共享机制，明确联合训练评估的权限，实现评估程序最优化和评估监测实时化。应按照分布式评估网络要求，对武器平台、指挥控制、保障设施等保障平台进行信息化改造，统一诸军兵种、军内外保障平台互联接口，充分发挥企业、科研院所、云计算平台等在装备保障评估中的咨询作用，实现训练评估网络体系的军民深度融合。应引入地方标准，要紧盯国内外装备保障的发展趋势，及时更新装备保障训练标准，实现与国际接轨、与最新保障成果接轨，确保联合作战装备保障训练评估始终处在国防和军队改革的最前沿。

第五节　规划智能化的建设方向

美俄等军事强国已将军事智能化置于维持其全球军事大国地位的战略核心，在发展理念、发展模式、组织方式、创新应用等方面进行了系统的规划，引导军事智能化建设各项任务落地落实，值得我们借鉴，必须站在国家战略全局，从规划上、标准上、体系上进行统筹规划和建设。

一、构建人工智能的战略规划

为夺取未来战场主动权，世界各国军队都在加紧抢占智能化建设的战略制高点。美国提出以人工智能为关键支撑技术的"第三次抵消战略"，发布了《国家人工智能研究与发展战略规划》《2009—2034财年无人系统联合路线图》，提出了"分布式作战""蜂群"等一系列新型作战概念，推动"智能化导弹""无人自主空中加油"等相关项目的部署，加快了人工智能技术向武器装备和无人作战体系的转化进程。2021年3月，美国人工智能国家安全委员会（NSCAI）向国会递交了一份长达756页的建议报告。报告称，美国在人工智能关键领域落后，联邦政府应优先加快在该领域创新的步伐，投资400亿美元以促进该领域的发展，并大力培养技能人才。俄罗斯国防部长批准了《2025年前发展军事科学综合体构想》，英国制定了《机器人与人工智能》战略规划。日本防卫省发布了《防卫技术战略》，强调发展人工智能技术的重要性。日本防卫装备厅公布了《未来无人装备的研发前景》，强调随着 AI 自主控制技术的发展，推动陆上、水面水下、空中三大领域装备"无人化"的条件正在成熟，特别是无人机技术的跨越式发展。

二、设置人工智能的基准标准

基准标准的制定必须跟上人工智能在军事领域应用的快速发展，为智能化作战能力的评估提供基础和可靠依据。一是制定人工智能标准。包括可以持续使用的要求、规范、准则和特性，以确保人工智能技术满足军事领域功能性和互操作性等关键目标要求，并能够可靠安全地运行。二是建立人工智能技术基准。为了有效地评估人工智能技术，必须制定标准化的测试方法和指标，标准测试方法将规定评估、比较和管理人工智能技术性能的协议和程序，并通过指标量化人工智能技术水平。三是建立人工智能测试平台。测试平台是至关重要的，研究人员可以使用实际运行数据，在现实系统和良好测试环境下的想定中进行建模并实验。在制定标准过程中，一定要统筹把握，形成体系，切忌烟囱林立、各自发展，致使互不兼容，难以聚合。

三、完善军民融合的制度机制

人工智能核心关键技术的突破，是应对智能化战争威胁和挑战的"国之重器"。智能技术的快速发展，已经成为军事智能化的加速器。信息时代军用技术和民用技术的界限越来越模糊，可转换性越来越强。积极建立军民协同创新机制，不断强化智能化核心技术创新发展原动力，构建全社会开放的产学研协同创新体系，对人工智能等核心前沿技术前瞻布局、扶持投资，充分发挥整个社会的创新力量，促进军事智能化快速可持续发展。加快推进重点领域技术突破，要聚焦相关重点技术领域，打破制约军事智能化发展的技术瓶颈。加强军事智能化基础支撑领域的研究，例如军用大数据、军用物联网等；从作战需求出发，加强各个作战要素方面的智能化应用技术研究，尤其是智能化指挥决策、智能化武器平台、智能化战场感知、智能化对抗技术等方面的研究。军事智能化核心关键技术的研发，不仅要开展跨学科、跨领域协作创新，还要使社会智能化与军事智能化发展对接并轨，借鉴社会智能化发展的成熟技术和成功经验，推动各类人工智能技术快速嵌入作战要素、作战流程。加快军事智能化发展，应抓紧探索相关人才的培养规律，充分利用军地教育资源，加大相关人才培养力度，为推进军事智能化建设提供坚实的智力支持和人才保障。

四、建设智能化战争的实验环境

一是智能化作战概念的形成靠作战实验完善。建立相应的战争实验室，对作战概念进行充分试验和研究，是完成作战概念研究的必要条件。在这里，"有应用""有平台""有数据"的单位将占有极大的优势地位。而且，建模与仿真将发挥重要作用，因为可以在仿真试验中不断试错，为系统研发和作战运用全寿命周期提供循环的试错和改进回路。二是智能化作战部队能力的生成靠作战试验演化。通过建立合适的作战试验环境，靠不断试验"成长"为合格的战斗力。但首先要信任智能系统，在信任中才能不断完善。若不信任智能系统，会导致智能化作战概念的发展周期变慢。这里既有系统问题，也有指挥控制、人机协同、文化法律等方面问题，需要综合加以解决。三是智能化作战系统的研发靠合适的生态环境促成。开放环境，众智支持，系统快速迭代，是智能系统研发的最合适条件。可以快速迭代更新的环境，会使智能系统快速成长，包括各种智能化武器平台，包括智能化系统，如作战规划、指挥信息系统等。美军联合部队司令部于2003年开始，依托夏威夷毛伊岛和俄亥俄州帕特森空军基地两个大型运算中心的超强计算能力，把现有的各种作战模拟系统、各军种的作战实验室及各作战司令部的实验站点相连，为全军搭建了一个共同的实验平台，为实现全军的联合作战实验奠定了基础。

第七章
无人争锋战例剖析

光辉的战例是最好的老师，千万别让理论
上的偏见像乌云一样遮蔽住这些战例。

——克劳塞维茨

当前，世界新一轮军事革命正在迅猛发展，以现代人工智能技术为核心的现代军事科学和高新技术日新月异，战争形态正在逐步加速向现代智能化作战演进，作战的理论创新如雨后春笋，呈现"井喷"之势。必须重新认识战例研究对于我国作战理论创新的根本性指导意义，大兴研究战例之风，在探寻研究战例中不断创新。战争理论作为一个新的增长点，要用战争鲜活教材中所学得出的知识点和基本原理来分析新的情况、解决新的问题、形成新理论。

第一节　天空之眼——侦察引导

侦察引导是目前军用无人作战平台尤其是空中无人平台最主要的作战任务，与其他侦察监视、引导打击装备相比，无人作战平台的优势是监视时间长、隐蔽性强、无人员伤亡风险，尤其适合城区、反恐等特殊作战环境。随着无人作战平台互联、互通、互操作水平的提高，未来无人平台与有人平台、无人平台之间将可以实现充分信息共享和传递，并可以实现多平台间的协同行动，而且无人系统一次性持续执行任务的时间也将大幅延长，无人作战平台在侦察引导方面的优势将会更加突出。

战例一　越南战争中的美军无人机

早在 20 世纪六七十年代的越南战争中，美军就开始尝试使用"火蜂"靶机改进而来的系列无人机，部分替代有人机执行战场侦察、电子对抗、诱饵欺骗和对地攻击等作战任务，取得良好的作战效果。美军"火蜂"系列无人机被广泛应用于越南战争中，也被公认为是无人机在现代战争中的首次大规模实战和应用。

一、作战背景

越南战争是二战以后美国参战人数最多、影响最为重大的战争。越战过程中，美国充分吸取了朝鲜战争的经验，大量使用空军实施轰炸，以降低地面作战人员的伤亡风险。但是，进入 20 世纪 60 年代，随着防空导弹技术的发展，有人作战飞机在执行作战任务中显得越来越脆弱，美军频繁使用有人机实施空中侦察和空袭行动，虽然取得了较好的作战效果，但也大大增加了有人机被击落、飞行员伤亡和被俘的概率。据统计，美国在越战期间被击落飞机 2500 余架，鉴于此，为降低有人作战飞机的损伤概率，以及由此引发的人员伤亡风险，美军尝试使用当时尚不成熟的无人机系统参与作战。

二、作战经过

1964 年开始，美军将无人机用于越南战争，一直持续至 1975 年。主要使用"火蜂"系列无人机参与战场侦察、监视，以及电子战等作战任务，其型号演变速度快，有 AQM、MQM 和 BQM 等多个系列、几十种型号，在美国海军、陆军、空军中均有装备，在越南战争中各种型号无人机均有不同程度参与。从 1964 年 8 月 20 日至 1975 年 4 月 30 日，美军各军种在越南战场中，仅"火蜂"系列无人机就投入共 1016 架，执行了 3400 余次作战任务。

"火蜂"系列无人机从原来的靶机改装为可以执行其他战斗任务的无人机，并广泛应用于越南战争。这种改装源于 U-2 侦察机。1960 年 5 月 1 日，美军一架 U-2 高空侦察机进入苏联领空时被苏军发射的一枚导弹击落，美军飞行员鲍尔斯也被活捉，使美国政府陷入极其被动的局面。鉴于此，美国空军开始寻求能够替代有人机执行"秘密"侦察任务的手段，降低人员伤亡风险，规避人员被俘产生的负面影响。依托"火蜂"靶机进行改进，成为美国空军快速实现预期意图的首选。无人机由美国瑞安公司完成改进研制，代号 147A（后期命名为 AQM 系列），绰号"萤火虫"。

从 1965 年开始，该系列无人机大量投入越南境内执行作战任务。美军在越南境内使用这种作战无人机，直接由总部设在美国内布拉斯加州奥弗特空军基地的战略空军司令部指挥，执行了各种多样化任务。最常见的就是用于执行各种侦察营救任务，美军利用这种型号的作战无人机大量地组织了营救美军战俘们的侦察活动。1970 年下半年，为了及时营救那些当时被关押在位于越南北部的美军战俘营里的美军飞行员和美军士兵，147 系列的新型无人机多次针对该战俘集中营进行了实地侦察，获取了该区域战俘营具体位置、越南驻军情况、营救与撤退路径等情报信息。

装备性能参数	
机长	7.01m
翼展	3.91m
最大航程	3000km
巡航速度	700~800 km/h
最大续航时间	4.5h

"火蜂"无人机

除了执行侦察和飞机作业任务外，美军还利用"火蜂"系列无人机进行了多种任务和多种作战方式运用的尝试。①电子战。美军利用无人机对其实施了电子窃听、广播电视干扰、抛撒黄色金属铝箔条等各种电子作战，为有人飞机执行各种作战任务打开了通道。②诱饵欺骗。1965 年 12 月，美国空军将 10 架靶机改装成诱饵无人机，将真正适用于北越侦察的无人机与其他飞行器混合编组，用这些诱饵无人机来稀释北越的防空系统，以利于侦察机能够获取所需要预期的情报和信息；1966 年，一架高空飞行的 U-2 侦察机疑似面临萨姆地空导弹攻击，美国立即指挥派遣 1 架"火蜂"系列无人机对其进行试探和验证，在不断的刺激诱导下，成功引诱其开火，虽自身遭到打击，但是以较小代价实施了火力诱导，使价值更为昂贵、性能更为优异的 U-2 侦察机避免了可能的导弹攻击，间接起到了配合 U-2 侦察机作战行动的运用效果。③对地攻击。美国空军将 147 系列无人机的一种通过加载炸弹和导弹改装成无人攻击机，越南战争期间成功完成了重达 500 英镑炸弹及"小牛"导弹的投掷任务，顺利完成了实战条件下的战斗使用试验。④高空高速侦察。美军除大量使用"火蜂"系列无人机外，还研发了一款 D-21 高空高速无人侦察机，并于 1969—1971 年期间，执行了 4 次战役战术侦察任务，但 4 次行动均由于无人机自身原因没能完成预定作战任务。

1973 年，随着美国被迫在结束越南战争的协定上签字，美军在越直接军事行动结束，美军无人机也结束了在越南战争中的"正式"应用。但是，其后的两年时间内，美国仍然以"监督和平协定执行"为借口，大量利用无人机实施侦察活动，直至 1975 年越南战争正式结束。

三、经验教训

美军无人机在越南战争中的表现虽喜忧参半，但总体上得到认可。无人机作战优势的体现、美军无人机作战运用方式的探索，以及美军发展无人机的具体做法，对世界无人机的发展产生了深远影响。

（一）无人机"无人"产生了多种应用效益

美军在越南战场大量使用无人机参与作战，人员零伤亡的作战优势大大降低了有人机执行作战任务的风险，减少了飞行员牺牲、被俘的数量，有效缓解了美国政府受到的国内舆论压力，使得备受诟病的美国对越战争得以艰难持续。同时，无人机"无人"的特点还为美国实施秘密行动提供了条件，避免了可能产生的政治影响。美军改型"火蜂"靶机执行侦察的初衷就是替代 U-2 高空侦察机实施对苏联的侦察，期望避免类似鲍尔斯被俘的情况再次发生。美军在停战协定签字后继续使用无人机实施对越侦察的行为，同样利用无人机"无人"的特点，避免有人机执行任务飞行员可能被俘，以及由此引发的政治影响。

（二）无人机"多能"促进了作战模式创新

美军在越南战场使用的无人机，在当时是高技术武器系统的代表，仅就其替代有人机执行侦察作战任务而言，由于无人机目标小、雷达反射截面积小、具有较高的飞行高度，落后的北越防空体系防空难度极大，大大提高了美军无人机突入北越严密设防区域执行作战任务的能力，不仅较好地体现了"无人化作战"新模式，同时在一定程度上探索了"非对称"作战新理念。更为可贵的是，美军针对"火蜂"系列无人机进行了一系列改进，依托同一作战平台派生出了侦察型、电子干扰型、攻击型等多种功能无人机，执行了战场侦察、电子窃听、电台干扰、诱饵欺骗、对地攻击等多样化作战任务，并探索了有人机携带无人机空中放飞突防、无人机编队突防、有人机/无人机协同作战等多种作战模式。相关做法和取得的经验教训，在无人平台高速发展的今天仍有极强的参考借鉴价值。

（三）无人机"战损"反映了实战检验缺失

美军在越南战争中期所使用的新型无人机，大多数都是于20世纪60年代开始研制，基本没有经过充分试验和实战检验便投入对越作战，因此在作战过程中既有明显作战优势，也暴露出许多问题。在作战初期，美军在使用无人机方面做了严格的保密措施。无人机的出现十分突然，北越完全不了解美军无人机的战技术性能和作战运用方式，难以找到准确的应对措施，以至于美军在越南战场使用的无人机大大超出预期的可使用架次数（预期每架使用2.6次，实际达到了7.3次）。但是随着作战进程的推进，美军在加大无人机使用数量和变换应用模式过程中，缺少实践检验的隐患逐步显现，有大量无人机出现机械故障退出作战。加之北越对抗无人机经验的不断丰富，美军无人机的战损率不断攀升，曾一度迫使美军放弃无人机的使用，转而加快改进，提升性能。

（四）无人机"集权"影响了作战效率发挥

20世纪六七十年代，无人机是新生事物，是美军投入越南战场技术最先进的武器系统之一。美军出于技术保密，在整个越战期间，无人机一直处在高度保密和集中管控模式下使用，其一切行动都直接受命于美国战略空军司令部总部。这种高度集中的管理权限，确实起到了技术保密的效果，以至于在美军无人机投入作战很长一段时间，北越对美军无人机"一无所知"，也促使美军无人机在越战初期产生了极好的作战效果。但是，这种对无人机的高度集权管理控制也给美国产生了负面影响，美国在南越的各个空军司令部都没有获得授权直接对无人机进行指挥和控制，使得前线的指挥官们无法根据自己的作战情况和形势灵活地调配自己无人机的运行，一线空军作战单位中无人机的综合利用率也就会受到很大的限制。

战例二　海湾战争中的多型无人机

1991年的第一次海湾战争，历时42天，以美国陆军为首的多国联合部队动用了200多架各种类型的无人机，主要是由美国的RQ-2"先锋"、BMQ-147A"敢死蜂"、FQM-151A"短毛猎犬"、BMQ-74C侦察靶机2000、TALD无人机，英国的"不死鸟"、CL-89"侏儒"，法国的"马特"MKII、"红隼"及加拿大的CL-227"哨兵"等新型无人机，对伊拉克和科威特执行了数百次空中监视、侦察、引导打击、打击效果核查、炮兵校射等任务。海湾战争是无人机侦察逐步取代有人机侦察，成为战场上突出的侦察作战力量的一个重要里程碑，也开创了无人机实战应用的新纪元。

一、作战背景

1990 年 8 月 2 日，伊拉克军队共计动员 14 个师，总规模为 10 余万名士兵，在伊拉克空军与海军部队的积极配合下，以恐怖主义突袭方式入侵科威特，当日占领首府科威特市，并控制了整个局势。8 月 3 日伊军宣布组成"自由科威特临时政府"，废黜了科威特萨巴赫政权，并宣布兼并科威特，将其作为伊拉克的第 19 个省。

伊拉克侵占科威特事件发生以后，以美国为首的多国部队很快在 8 月中旬制定了"沙漠盾牌"的军事行动计划方案。通过长达 5 个多月的"沙漠盾牌"部署行动，多国部队沿波斯湾、沙特阿拉伯、印度洋、红海、以色列、地中海至土耳其，基本形成了对伊拉克的战略包围。

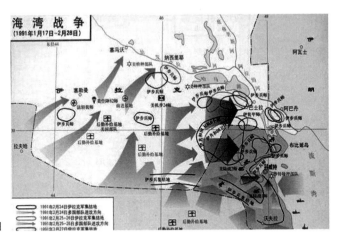

海湾战争作战经过图

伊拉克侵占科威特并威胁海湾其他国家的安全，直接侵犯了美国及其盟国在中东地区的巨大战略利益，美国正好借此机会一举控制海湾这一重要的战略地区。加之，此时长期与美国对抗的另一超级大国苏联已自顾不暇，使美国可以免去采取干预行动时的重大掣肘。1991年1月15日，联合国678号决议规定的伊拉克从科威特撤军最后期限的到来，使海湾战争进入一触即发之势。

二、作战经过

1991年1月17日凌晨，以美军为首的多国部队开始对伊拉克首都巴格达发动空袭，海湾战争爆发。美国陆军、海军、海军陆战队率先使用"先锋"无人机，以弥补战术侦察的不足。

装备性能参数	
长/高	4.27m/1m
翼展	5.2m
最大起飞重量	204kg
最大升限	4600m
最大航程	185km
最大速度	120km/h
续航时间	≤ 4h

"先锋"无人机

美海军的"先锋"无人机系统停栖在战列舰"密苏里"（BB63）号和"威斯康星"（BB64）号上。1991年2月4日，美战列舰"密苏里"号在装有高级水雷避碰声呐的护卫舰"柯茨"号护航下，穿过已开辟的雷区通道，冒着无灯航行的危险，驶至预定火力支援区。一架"先锋"无人机悄悄地从战列舰甲板上起飞。20分钟后，把用红外侦察仪拍摄到的地面目标图像一览无遗地传送到美军作战指挥中心。于是，指挥中心据此命令战列舰上 406 毫米巨炮开火，一枚枚炮弹准确地落在了伊拉克的指挥控制中心、火炮阵地、雷达站和其他目标上。舰炮炮击时，无人机又不断校正舰炮射击精度，更准确地命中目标。到 6 日凌晨，该舰发射每枚 1200 余公斤重的炮弹共 112 枚。

同日，另一艘美战列舰"威斯康星"号在驱逐舰"尼古拉斯"号的护航下驶入火力支援区，以接替"密苏里"号并向伊军阵地继续施加压力。这艘在战前重新服役的战列舰在执行第 1 次射击任务时，又是由 1 架"先锋"无人机指示目标，发射了 11 枚 406 毫米炮弹，消灭了 31 千米外科威特南部的 1 个伊拉克炮兵连。2 月 8 日，"威斯康星"号继续在"先锋"无人机指示下摧毁了海夫吉附近的许多伊拉克掩体和炮兵阵地，还攻击了伊拉克在沙特沿岸偷袭的小艇。在战斗中，"先锋"无人机侦察到伊拉克的两艘巡逻艇靠近沙特沿岸，在其指示下，这两艘巡逻艇遭到打击后沉没。无人机的这种用法成为后来在科索沃战争和阿富汗战争中，无人机作为指挥控制机的雏形。

到 2 月 28 日停火时，"密苏里"号和"威斯康星"号战列舰共实施炮击 83 次，发射 406 毫米炮弹 1102 枚，在发射的所有弹药中，有 30% 重创了伊军目标，另有 40% 对目标造成轻度破坏。部署在战列舰上的"先锋"无人机共飞行 520 小时，完成了 52% 的目标侦察任务，提供了两艘战列舰收到的几乎全部战斗损伤判定数据。无人机系统的使用，增加了战列舰实施舰炮火力支援的灵活性。

盟军方面，英军出动了 CL-89"侏儒"无人机（当时 CL-289 尚未投入使用）和尚未正式服役的"不死鸟"无人机，为炮兵提供侦察照片和校射数据。法国也投入了少量的新型 altecmartmkii 战斗无人机。

三、经验教训

无人机在海湾战争中的广泛应用，已经充分体现了它在战场上的监视及情报收集等方面的综合作战能力。无人机在海湾战争中作战经验的丰富和积累，提高了战后北约国家对于军用无人机发展的重视。事实证明，无人机进入信息化战场，对作战进程产生了深远影响。

（一）无人机成为夺取战场制信息权的撒手锏

无人机大大增强了对战场中全纵深的监视与干预能力，使得争夺全纵深信息权的战斗成为现实。在信息化这个战场，作战紧紧地围绕着争夺管制信息权而展开。无人机的问世和应用，超越了当前的战线，使人们的目光聚向了战线背后。通过多种手段打击敌纵深内的各个关联目标，如指挥控制系统、通信网络，削弱了敌人争夺信息权的力量，使得全时域、全纵深之间的争夺控制信息权的作战转化成为可能。无人机就有点像同在战场上空飞行的"轨道卫星"一样，监视敌人一举一动，并进行实时干预，对既定的目标进行袭击，使得战场上的信息战呈现出不分前后方、不分阶段的完整全时空作战情景。

（二）无人机成为改变作战模式和作战空间的助推器

无人机改变了传统作战模式，扩大了对陆、对空和对海的作战空间。无人机深入敌纵深的地域、空域和海洋区域，实行不间断连续侦察的广泛机动性，减少了作战部队自身机动的必要性，也不必冒着深入敌高威胁战区遭袭击的风险。作战部队将由传统的机动式部署，转变为展开型固定式部署，预先推向可以直接使用武器的发射阵位，无人机就能够提前抓住战机，发现追赶目标，提供攻击信息，作战部队将在无人机的引导下顺利地完成攻击任务，由此大大拓宽了作战部队的行动空间。如在海上进行反潜作战，可以利用无人机的高度和机动性，延伸至敌纵深的海域内，在敌近岸海区内部开辟一个反潜作战战场，实施具有进攻性的反潜；陆地进行攻防和联合作战，可以准确地引导远程打击兵器，能够击中千里之外的敌内陆目标；对空作战，可以远离作战区域开辟战场。

（三）无人机成为促进战场一体化的黏合剂

无人机促进了陆海空天立体全维战场在信息化中的整体协同作战，促进了火力战与信息化火力战之间的一体化。无人机的出现，替代其他部队在高威胁地区担负各种危险任务，并为其他部队进行军事攻击创造条件和新型战机；其他部队则是依靠无人机进行引导与保障展开作战。无人机就好好像一个纽带，把各个兵种的武装和军事行动都串联起来，形成了关系紧密的整体性作战，把战场上协同作战和联合作战水平推到了信息战与火力战一体化发展的新境界。一是表现在担负信息搜集任务的无人机与专门火力战平台兵力行动的一体化；二是表现在无人机自身信息战与火力战功能的一体化。无人机不但是一个信息搜集平台，还是一个发射武器的攻击平台，能够独立完成发现目标和摧毁目标的双重任务。

（四）无人机成为提升军队作战能力的倍增器

无人机增大了捕捉有利战机的能力，加快了作战节奏，提高了作战效能。无人机所具有的深入敌纵深和持续作战的特点，极大地增强了抓住更多有利战机的能力。无人机可以在敌于纵深隐蔽转移途中发现目标、形成战机，可以在敌于后方补给进行时发现目标、形成战机，可以在敌隐蔽待机时发现目标、形成战机，也可以在敌战斗间隙时发现目标、形成战机。这些战机在一般情况下是不易捕捉的，但无人机却可以做到。能够捕捉更多有利战机，意味着可以实施更多的战斗，这必将导致整个作战节奏的加快。由于抓住了更多战机，原计划长时期实施的战斗，可以在短时间内完成。作战节奏的加快，使敌方疲于应付，陷入被动；己方则更快地夺取战场主动权，达成作战效果。这意味着过去需要投入更多兵力才能取得的战果，现在只要投入少量兵力就能完成既定作战任务，增大了兵力的作战效能。

第二节　局中之局——诱饵欺骗

诱饵欺骗技术是无人作战平台重要的一项作战任务，诱使敌军的雷达等各种电子侦测装置开机，获取与此相关的信息，或者模拟显示虚假的目标，引诱对手向敌方的防卫武器发起射击，吸引敌军的火力，掩护自己的部队——有人作战平台或大型无人平台实施突防。美国海军研究实验室正在开发研制一种小型诱饵式无人机"福莱特"，它是可以通过北约标准的箔条式发射器进行发射。它将被视为释放雷达诱饵的一种可重复利用的装置，保护所有舰船不被雷达和制导引擎等武器袭击。诱饵式无人机在飞行中执行了投放雷达诱饵的任务只有几分钟，但是飞行持续时间最长可达 20 分钟，以便执行其他任务。

战例三　"侦察兵""猛犬"袭击贝卡谷地导弹群

1982 年 6 月 9 日，在叙利亚战略要地贝卡谷地，以色列军队"猛犬"无人机以战斗机的"电子图像"现身叙军地空导弹阵地上空，诱使叙军萨姆 –6 导弹的制导雷达启动并开机。数分钟后，战斗机在情报系统的指引以及地地导弹的帮助与配合下，对位于贝卡谷地的叙利亚萨姆 –6 防空导弹阵地实施了饱和轰炸。仅用 6 分钟的时间，就一举击退并摧毁了叙军辛勤经营十余年、配置在贝卡谷地的 17 个萨姆 –6 防空导弹基地，创造了在武器装备技术性能差别不大的情况下取得压倒性胜利的经典战例，开启了现代信息化战争的新篇章。

一、作战背景

1975 年 10 月，黎巴嫩北部爆发了一次内战。1976 年 10 月，叙利亚以"制止内战、维持和平"的名义，从整个黎巴嫩北部出兵进攻以色列，并于 1981 年针对以色列派出 14 个师的防空军和导弹突击连进驻巴贝卡德尔谷地，建立了一支以萨姆 –6 为主要技术骨干，以萨姆 –2、萨姆 –3 和高射炮相配合的高、中、低防空网。与其同时，黎巴嫩的一些巴勒斯坦解放组织和人民游击队的一些主力，也已经直接参与了黎巴嫩国内的政治权力斗争，扶植和帮助武装了一些武装力量，打击一些亲以色列的极端武装力量，控制了黎巴嫩南部和贝鲁特西区，不时地发动袭扰或者直接炮击以色列。

为了彻底根除越境恐怖活动，以色列以驻英大使阿戈夫遇刺为由，于 1982 年 6 月 6 日出动 10 万大军入侵黎巴嫩，此次战争也被称为第五次中东战争，贝卡谷地之战就是在这种背景下打响的。

装备性能参数	
长 / 高	3.69m/0.94m
翼展	3.6m
最大载荷	118kg
最大速度	160km/h
最大操控距离	100km
续航时间	7.5h

"侦察兵"无人机

二、作战经过

1982年6月9日13时30分左右，以色列军各单位展开了行动。预警器和电子作战飞机率先升空，为了避开叙利亚军战斗机和地空导弹的阻截，它们必须在地中海上空飞行。E-2C预警器飞机可以实现监控200多架叙军飞机，引导130架飞机参加空战，它时刻观察着从跑道上起飞的叙军战斗机。为了对所有的目标同时发起攻击，以色列空军的F-15、F-16、F-4、A-4和"幼狮"五种战斗机依据基地所在地距贝卡谷地的位置和远近，陆续地起飞，F-15专门负责空中掩护。而在以军战斗机秘密升空的飞行过程中，为了能保证以军突击队的机群随时能够秘密地升空接敌，达到一定的突然攻击目标，以色列特种部队用防空雷达技术摧毁了贾拜尔巴拉克山顶上的一座叙军防空雷达站。同时，地面部队也准确地进入了导弹袭击的位置并迅速进行发射。

接着，以军各种无人侦察机、靶机，纷纷将自己的飞机送往贝卡谷地的叙军防空导弹阵地，引诱敌方的防空制导雷达启动、开机、发射导弹。这些无人机和靶子经过重新改装，具有类似于以军战斗机的雷达信号特点。叙军果然上当，打开了雷达并对逼近的无人机和靶子发射了许多地空导弹。随着防空导弹密集地发射，以军"飞机"被接连地击中。正在叙军为他们的"战果"热烈欢呼之际，以军第一次攻击已经悄悄向贝卡谷地飞去。当叙军士兵们发现他们所击落的飞机都是塑料材质做成的，且未能找到一具以军飞行员的尸体时，迅速将情况报告指挥部。叙军指挥员猛然惊醒，急令雷达关机，然而为时已晚，在后方观察到的以军无人机已向电子战斗机提供了叙军关键目标的实时信息和情报。电子战斗机随即开始干扰叙军的雷达、致盲导弹，F-4和F-16向叙军投掷了大量干扰箔条，整个防空阵地都被笼罩，叙军的警戒雷达、诱捕雷达、无线电指挥和通信系统都已经全面崩溃。

临近 14 时，以色列空军的地面部队已经准备开始向叙军阵地纵深防空目标阵地进行炮击，同时以多型双管防空火箭炮和其他多管集束炮装备和防空武器，向两个叙军阵地表面防空目标和叙军纵深防空目标阵地进行攻击。在黎巴嫩北部海域随时待命的"狼"型导弹反潜舰向黎巴嫩北部发射导弹。叙军在无人机引诱下毫无戒备，损失很大。第一和第二波火力受到打击后，以军再次迅速开始了极具骚扰性的火力射击，并一直持续到整个进攻行动完全顺利结束。

在以军全面进行电子反应对抗、重型枪支和地地导弹开火之后，在黎巴嫩山后叙军的雷达盲区低空飞行的以军战斗机终于杀出，连续发起 4 波突击。第 1 波进攻于 14 点整开始，24 架 F-4G "野鼬鼠"战机用"百舌鸟""标准"反雷达导弹直接攻击叙军防空导弹连的火控系统。这两种导弹都安装有回忆式识别装置，一旦拦截到敌方的雷达频率且确定了其位置后，导弹便能自动飞向目标，即使是敌方雷达关机也难逃被摧毁。摧毁了火控系统后，F-16、A-4 和"幼狮"等 40 架战机同时对叙军各个防空导弹联队发起了第 2 波攻击，将电视制导滑翔炸弹、激光制导炸弹、集束炸弹和普通炸弹准确地投到各个阵地上。以军还采用了无人机上的激光照射器，来照射到最难以对付的靶向物，这样当战机所发射的光电导弹在启动自动追踪系统后，就不需要继续进行引导，大大提高了光电导弹的命中率和打败战机的生存率。以军的饱和进攻使得叙军的萨姆 -6 导弹网措手不及，顾此失彼，其他的防空武器，如萨姆 -2、萨姆 -3 防空导弹及自行高炮等均遭到严重破坏，无法抗击对手。之后，以军第 3 波飞机对叙军残余的防空基地进行了搜索和轰炸。第 4 波攻击则是针对移动的目标，其中包括了战斗汽车、装甲单位和供应补给卡车。

装备性能参数	
长 / 高	3.5m/0.9m
翼展	4m
最大载荷	37kg
最大速度	185km/h
最大升限	4480m
续航时间	7.5h

"猛犬"无人机

经过 2 小时左右的连续攻击，叙利亚 19 个防空导弹连中的 17 个被彻底摧毁，剩下 2 个也严重受损。当晚，叙利亚军连夜又向贝卡谷地增派了一支防空导弹的军事单位，结果次日又被以色列空军摧毁。至此，叙利亚耗费巨资建立的防空体系，在以军空地协同的猛烈突击下荡然无存。

三、经验教训

贝卡谷地的战斗，以色列以极小的代价彻底摧毁了叙利亚斥巨资引进、苦心管理、经营多年、称雄一时的萨姆导弹防空系统，并在这场空战中成功取得了一场号称 82:0 的优异战绩，创造了新型高技术战争的经典战例。

（一）充分的战争准备保证了以军空袭的顺利实施

第四次中东战争，以色列空军先后累计共损失一百余架战机，其中半数以上的战机是被萨姆-6导弹击落的，这是以色列空军自其创立以来所遭受的最为严重的损失。以色列举国上下，尤其是空军立志报仇。贝卡谷地战役正式打响之前，以军在士气、技能和战略等各个方面都已经做好了充分准备。从心理上，第四次中东战争完全结束后，以军深入地开展了以自我批判为主的检查、调研和综合评估，认真总结经验，吸取教训，根据存在的问题，寻找有效的对策，扎实地改进，精神风貌焕然一新。在技术上，以色列不仅从美国弄到了萨姆-6导弹和其他相关设施以及武器装置的完整技术数据，而且还引进许多先进的武器，包括美国的 F-15、F-16、E-2C预警飞机、最尖端的电子作战装置、自动遥控远程导弹、在综合电子系统中专门用于实现飞行控制的计算机以及法国"幻影"飞机的设计图及其零配件。以色列独立自主研发设计和研制生产了"鹰"式战斗机、"幼狮"歼击机等机型，独立自主设计自制研发了"侦察兵""猛犬"靶机，针对萨姆-6导弹进行设计和技术研制开发出新型诱饵——"参孙大力士""达利拉妖精"型靶机，改进了各种新型防空弹道导弹和美制"百舌鸟"型导弹，使之在技术上完全具有"发射后不管"、不被导弹干扰、不被反制的三大特点。战术上，以军多次联合指挥航空部队基地，派遣无人机编队进行高空侦察，实地试探了在贝卡谷地的一个叙军新型防空弹道导弹雷达阵地，查明了萨姆-6导弹的具体工作结构原理和使用方式，及有关叙军新型防空雷达的实际使用性能，找到了与叙军进行军事对抗的有效途径。以军还在其境内和西部沙漠中用缴获的苏制重型武器装备，构建了近似于战场虚拟环境的军事训练演习基地，严格要求根据自己作战方案和训练计划，组织了多次性和大型化的军事演习，不断改进和完善自己的各种作战行动策略和战斗预案。周密而细致的战争准备，保障了空袭行动的顺利进行。

（二）成功的电子对抗是以军创造奇迹的主要原因

电子战是现代战争的重要手段。以军为能压制叙军在贝卡谷地防空导弹阵地的同时还能对抗支援的叙利亚空军，事先就制定了科学周密的电子战计划。先用盘旋在地中海上空的 E-2C 预警机侦察出叙军防空警戒雷达的工作频率，并以电子战飞机释放干扰电波，使叙军的远程情报保障系统瘫痪。而后用无人机飞至叙军导弹阵地上空，诱骗叙军阵地上的制导雷达开机，发射导弹，以此获取制导雷达的实时工作频率。由于以军飞机的进攻方向背向太阳，降低了叙军地空导弹光学制导系统的效能，迫使叙军更大程度地依赖雷达设备，更易遭到反辐射导弹的袭击。准确掌握情报后，以军即开动各种干扰设备，实施强电子干扰。具体手段包括：电子战飞机针对导弹制导雷达工作频率施放干扰；E-2C 预警机向己方所有空中战机发出指令，将机载电子对抗设备的频度调整到相应位置，并施放干扰；遥控无人机大量投撒消极干扰物。在以军强烈的电子干扰下，叙军无线电指挥通信系统完全被扰乱，制导雷达失灵，导弹失控，以军空袭得以顺利进行。同样，在空战中，以军也大量采用了电子干扰手段。叙利亚战机起飞后，不但半自动引导装置失灵，听不清地面指挥，无法了解空中敌情，而且机载雷达荧光屏上布满杂波，看不到目标，飞行员只能凭目视搜索敌机，这样在空战伊始就陷入十分被动的境地。空战过程中，叙军也试图对以军实施电子干扰，但因以军预有准备，防范严密，而未能奏效。"一边倒"的电子战结果，决定了"一边倒"的最终战局。以色列在贝卡谷地之战中运用的战术成为电子战的经典，乃至连 1991 年海湾战争美军的进攻模式都与此惊人相似。

（三）密切的战术协同是以军赢得胜利的重要保证

贝卡谷地战役在军事上的战术表现形态，可以大致概括为"电子先行，先机致盲，多方协同，由点至面"。空袭前，以军先以"猛犬"攻击无人机，自动跟踪判明整个叙军前方防空辐射导弹攻击阵地的精确攻击位置，以"侦察兵"攻击无人机自动跟踪搜集萨姆–6导弹的防空雷达跟踪信号，并将搜集数据传至以军指挥所和空中侦察预警机，对该阵地情况进行了跟踪分析，再由以军电子攻击战机向叙军阵地实施强烈的电子干扰，使其防空辐射导弹发射失效，攻击无人机自动发射"狼"式装甲车的反电子辐射导弹，攻击叙军的防空雷达攻击阵地，同时用多门双管远程火箭炮和其他集束式攻击武器，自动打击和拦截、压制正在叙军阵地表面活动的攻击目标和后方的深远目标。第一波地面火力突击后，以军地面火力转入骚扰射击。此时以色列空军F-4、F-16等战机在预警机的指挥引导下，低空接近目标，用反辐射导弹摧毁叙军导弹阵地上的制导雷达，使叙军完全变成"瞎子"，最后再用攻击机从容不迫地对叙导弹阵地狂轰滥炸。整个作战过程中，以色列空军和地面部队间的配合、空军不同型号飞机间的配合都十分默契，这也是赢得胜利的重要保证。

第三节 达摩之剑——定点清除

定点清除源自"快速决定性作战"理论，主张凭借信息、技术、跨域、距离、体系等非对称优势，采取小投入、低成本的战场投入和小行动、低烈度的战争运作，以小搏大、以低谋高、以慑止战、以战止战。综合运用无人作战平台实施定点清除，政治外交风险小、代价低、成功率高，逐步成为深入目标纵深、对防守严密目标刺杀的首选手段。

战例四　美军"斩首"伊朗伊斯兰革命卫队下属 "圣城旅"指挥官苏莱曼尼

2020 年 1 月 3 日凌晨，美军使用 MQ-9 型"死神"无人机对伊拉克巴格达国际机场发动空袭，导致包括"圣城旅"指挥官卡西姆·苏莱曼尼、伊拉克准军事组织指挥官阿布·马赫迪·穆罕迪斯在内 8 人死亡。

一、作战背景

自 1979 年初在伊朗南部爆发伊斯兰革命后，美伊长期处于敌对状态。特别是 2019 年 6 月 20 日伊朗击落 1 架美国 MQ-4C 型无人机后，美虽收回军事打击命令，但美伊之间恶性循环加剧。苏莱曼尼曾多次担任过在伊朗以外地区军事行动的主要负责人，多次到伊拉克、叙利亚战场指挥作战，帮助建立伊拉克什叶派民兵武装，支持叙利亚阿萨德政府持续抵抗，是连接中东地区"反美反以"网络的核心关键人物，对美在中东地区核心利益影响重大。

苏莱曼尼

二、作战经过

（一）前期准备

组织准备方面，由时任美国总统特朗普决策，美军特种作战司令部负责指挥，将 MQ-9 型无人机与起降控制分队前推部署至国外前沿基地，任务控制和情报处理分队则留在本土，通过卫星链路实施远程操控与情报处理，其他军兵种实施支援保障。美军使用的是 MQ-9"死神"无人机，可续航 14 小时，最大起降飞行距离为 482 千米/小时，作战飞行半径 2963 千米；挂载 AGM-114"地狱火"导弹，可以击穿敌人坦克 1200 毫米防护的主装甲；同时为无人机搭载夜间使用的红外和夜视载荷，便于夜间执行任务。情报准备方面，美军于 2007 年将"圣城旅"列为恐怖组织，美特种作战司令部当年即开始对苏莱曼尼在伊拉克的活动进行跟踪。美对苏莱曼尼行踪掌握已达"分钟级"，在任意时刻掌握他所在位置的情报机构达 5 至 6 家。在最终的打击行动中，美军利用人力情报、信号截获、"察打一体"无人机、航天侦察等手段，实现了精确定位和打击。

（二）攻击实施

2020 年 1 月 3 日凌晨 0 时 32 分，苏莱曼尼抵达巴格达机场。美国驻机场的情报工作者已经确认关键的情报，苏莱曼尼与前来会晤的伊拉克什叶派民兵武装组织二号领导人穆罕迪斯乘坐一辆车，其他随行人员乘坐另一辆车。信号情报专家持续锁定车辆乘坐人员的手机，以确认他们的身份。凌晨 1 时 45 分，在确定目标和得到行动批准后，早已在机场上空盘旋待命的美军 MQ-9 武装无人机立刻向目标发射了 AGM-114"地狱火"导弹。两辆车被火球吞没，现场没有任何幸存者。就在无人机发射导弹时，美军的一支特种部队跟随在苏莱曼尼车队后方大约800米的地方,在目标被击中一两分钟后就赶到了现场,进行"炸弹破坏效果评估"并拍摄大量现场照片,确认了苏莱曼尼等人的死亡。

袭击现场

三、经验教训

(一)稳固全面的情报链路是行动实施的先决条件

按照"发现—判断—决策—行动"的任务闭环,"发现"和"判断"无疑起着关键作用。尤其是这类刺杀行动,情报关系到整个行动的成败,可以说是影响行动最重要的一个环节。首先,苏莱曼尼这次是搭乘民航客机,而大马士革国际机场和巴格达国际机场就有很多线人或情报人员,在苏莱曼尼登机后,向美国情报部门实时通报机场的消息。其次,重要的秘密情报来源之一,就是一起被"斩首"的伊拉克北部什叶派武装抵抗组织的副高级指挥官穆罕迪斯。苏莱曼尼的航班原定起飞时间是2日晚上的8时20分,但延误到10时28分才起飞。穆罕迪斯得知行程变化后,要求亲信贾巴里安排车辆亲自接机。因为穆罕迪斯地位高,他从来没有去过机场迎接别的人,除非这个人非常重要。多方情报印证后，美国情报机构确认他们已经精确发现了苏莱曼尼的行踪。

（二）高效精准的定位能力是精确击杀的有力保障

苏莱曼尼本人曾经是伊朗情报部队的一名指挥官，被伊朗称为"中东谍王"，防范相当严密。其中无线通信只使用了一部古老的诺基亚通信电话，这种通信电话完全无法直接植入任何一个智能 APP，并且经过专业的数字化和加密处理，在技术上也就不会被任何的系统实时监听与自动定位。但是美国中情局早已通过棱镜系统直接入侵了伊拉克与伊朗的两个主要电信运营商之间的基站核心网，从通信公司和互联网企业那里监听到所有的通信信息，并从中准确地甄别"潜在威胁目标"。对苏莱曼尼和随行者的国际移动设备辨认码、国际移动客户辨认码等方法进行了扇区化的定位，再通过高空侦察机和高精度卫星配合锁定了车队。

装备性能参数	
长 / 高	11m/3.8m
翼展	20m
最大起飞重量	4.76t
最大升限	15000m
作战半径	1852km
最大速度	460km/h
续航时间	28h

发射导弹的 MQ-9 无人机

（三）精心选择的时机、武器和地点是行动取得成功的重要因素

"保密、突然、迅速"是美军特种作战行动的主要原则，美军在

击毙苏莱曼尼的行动中，运用这一原则取得时空、技术和认知上的优势，确保行动取得成功。美军一般选择暗夜行动，击毙本·拉登的时间为凌晨1时许，突袭巴格达迪住宅始于凌晨2时许，对苏莱曼尼的袭击则发生于凌晨1时45分左右。利用暗夜掩护、相关人员疲惫、松懈之机开展行动，是美军开展斩首行动的惯用时段。利用无人机优异性能达成战术突然，MQ-9型无人机最长留空时间可达20小时，极大延长了美军杀伤链的灵活性。在此次行动中，美军充分利用MQ-9型无人机噪音小、航时长的特点，派遣该型机提前到巴格达机场上空待战，最终达成突袭目的。精心选择打击地点，确保打击效果。美军选择地势开阔的巴格达机场附近作为袭击地点，便于无人机进行侦察、定位和攻击，同时避免附带损伤。从具体攻击地点上看，美军选择在两个弯道之间的直行线上实施攻击，此时苏莱曼尼乘坐的车辆速度较慢、方向可测、难以逃逸，美军行动的成功概率进一步提升。

攻击选择在两个弯道之间的直行线上

战例五　伊朗首席核科学家遭定点清除

2020 年 11 月 27 日，伊朗核科学家法赫里扎德乘车在德黑兰城郊遭遇袭击并身受重伤，送医后不治身亡。

一、作战背景

伊朗在 2020 年美国总统选举结束后，趁美总统权力交接之际，重新启动铀的大批量生产。以色列担心伊朗此举会造出武器级的浓缩铀，同时为让时任美国总统拜登重回伊核协议更加困难，决定发起此次袭击。而法赫里扎德当时是伊朗国防部的科学研究与技术创新合作组织的副主任、首席核科学家，被西方情报机构称为伊朗"核计划之父"，是以色列情报机构摩萨德长期"通缉"的目标，对铀的生产至关重要。

以色列此前公布的一款智能化自动瞄准系统

二、作战经过

（一）前期准备

组织准备方面，以色列"摩萨德"成立专门暗杀小组，由 12 名特种部队成员组成，配备约 50 人的支援小组，伊朗反政府组织人员提供外围辅助，12 名以军特种部队成员提前部署至伊朗首都德黑兰以东 80 千米的阿布萨德市实施行动。武器装备准备方面，以色列协调调用多颗军用、民用卫星对任务地域实施监视和通信保障，提前 1 个月测试装配智能化自动瞄准系统。情报准备方面，法赫里扎德是以色列情报机构摩萨德长期"通缉"的主要目标，对其监视至少 5 年。实施前，斩首行动小组已掌握法赫里扎德每周五下午均前往别墅度假区，且该时段地区人员相对稀少，便于发起袭击。

（二）组织实施

2020 年 11 月 27 日下午，法赫里扎德和他的妻子乘坐防弹汽车，在 3 辆保镖车与 11 名安保人员的护送下前往德黑兰市郊的阿布萨德市安全别墅过周末。斩首行动小组袭击前半小时，切断当地供电系统，迫使法赫里扎德前卫车辆前出勘查别墅情况，分散其安保力量。而后，待车队进入预设地段后，斩首行动小组通过卫星遥控智能化自动瞄准系统首先发射 1 枚子弹击中法赫里扎德乘坐车辆，造成车辆熄火，人员被迫下车检查。待人员下车后，智能化自动瞄准系统在 150 米的距离上，使用先进摄像头精确识别出法赫里扎德，锁定目标后开火。全过程共向法赫里扎德发射 12 枚子弹，持续 3 分钟，法赫里扎德身中至少 3 枪，在其前方保护他的一名保镖身中 4 枪，但距离法赫里扎德仅 25 厘米的妻子却未中枪。之后，搭载智能化自动瞄准系统的车辆爆炸，智能化自动瞄准系统被销毁。法赫里扎德被送到附近医院时，由于斩首行动小组事先切断了当地的供电系统，迫使其又被送往更远的德黑兰医院，最终不治身亡。

袭击车辆为一辆日产尼桑轿车，车主1月前已离开伊朗

三、经验教训

（一）袭击行动复杂，远程控制完成精准击杀

事发当日，法赫里扎德与妻子在 3 辆保镖车的护送下，途经德黑兰省阿伯萨德地区，当法赫里扎德听到疑似子弹击中车辆的声响，下车查看情况时被击杀。整个过程持续 3 分钟，现场无袭击者出现，全部由斩首行动小组成员通过卫星信道"在线控制"，完成精准击杀。

以色列此前公布的一款智能化瞄准系统

（二）袭击计划周密，击杀目标明确，行动迅速

斩首行动小组选择周五下午在德黑兰东部的别墅度假区实施行动，这一时段该地区人员相对稀少，方便实施行动，这也表明行动前斩首行动小组已精准掌握法赫里扎德的行踪。斩首行动小组在逼停法赫里扎德车队后，通过遥控机枪对其进行集中射击，迅速完成袭击任务，攻击系统自爆毁灭证据，全过程果断迅速。斩首行动小组事先切断了当地的供电系统，迫使其又被送往更远的德黑兰医院，最终不治身亡，达成暗杀目标。

（三）袭击方式新颖，卫星遥控武器投入实战

伊朗国家最高安全委员会秘书沙姆哈尼称，此次袭击采用了"全新、专业、复杂的手段"，运用了"先进摄像头和人工智能技术"。袭击法赫里扎德的遥控武器为以色列研发的智能化自动瞄准系统，该系统内部包含小型计算机、光学传感器和取景器，能够自动捕捉目标图像并实现自动瞄准。2020 年初，"圣城旅"指挥官苏莱曼尼遭遇一架无人机"斩首"，这是首位被无人化武器暗杀的伊朗高官。此次法赫里扎德则是被卫星遥控武器击杀，这表明针对伊朗重要人物的暗杀方式已经从最初的现场射击、定时炸弹等，开始向无人机和卫星遥控武器等高科技手段演变。

第四节　钢铁战士——协同突击

随着空中、地面、水下等各类无人作战平台的深度发展，无人作战平台在担负侦察监视、通信中继、排雷破障等传统保障任务的基础

上，逐步向精确打击、火力支援等作战任务拓展，由单一无人平台应用逐步向有人无人平台协同、多型无人平台跨域协同以及集群式应用拓展，发挥更大的作战效能。未来的现代无人机对抗作战技术，必将会直接使得军事作战技术进程进一步加速，突破现在人们普遍认识的实时空战观念，广泛地深入渗透于军事战场的各个细节角落。对抗作战行动的持续时间和活动范围必将直接波及整个军事作战技术领域，成为一种完全真正意义上的世界级、全天候、全空间的对抗作战。

战例六 俄罗斯无人平台协同攻坚战

2015 年底，叙利亚政府军袭击拉塔基亚省一处由"伊斯兰国"极端武装势力直接控制并秘密据守的 754.5 号高速公路沿线高地时，在由俄军 4 台"平台 –M"无人战斗攻击机器人、2 台"阿尔戈"战斗攻击机器人以及"仙女座 –D"无人自动化作战指挥系统等大力支持下，仅用 20 分钟的作战时间，就顺利成功占领了该公路沿线高地，打死约 70 名极端武装主义分子。俄媒曾经多次高调评论声称，这将可能会成为目前世界上第一次以这种战斗性强的机器人展开的攻坚战。

一、作战背景

754.5 号高速公路起点位于毗邻叙利亚拉塔基亚省西部，它直接控制了附近许多地区通向阿勒颇和该省的高速公路。在叙利亚东部战场上，叙利亚政府军努力尽快实现收复卡拉塔基亚省的战略目标，于2015 年 12 月 1 日开始对武装分子基地进行一次大型导弹突袭。

然而，由于前期准备工作不足、战场上的侦察工作不充分，叙政府军在第二次进攻中遭遇失利，不得不向俄军求援。俄军除了派出传统的作战兵种力量外，还第一次形成了建制，派出一个以无人作战平台为主的机器人连参与这次战斗。该连采取有人无人混合编组的新型作战模式，构建起以"仙女座-D"自动化指挥系统为核心、空中无人机"蜂群"为"眼"、地面无人战车"狼群"为"拳"的智能化作战体系，采用全维侦察与饱和攻击相结合的作战方式，对目标实施高效打击。

二、作战经过

2015 年 12 月，叙利亚政府军在俄军战斗机器人的强力支援下，成功攻占"伊斯兰国"极端武装分子控制的拉塔基亚 754.5 号高速公路沿线高地（以下简称"754.5 高地"）。俄军投入一个机器人作战连，包括 6 部"平台-M"履带式战斗机器人、4 部"暗语"轮式战斗机器人、1 个"洋槐"自行火炮群、数架无人机和一套"仙女座-D"指控系统。

"仙女座-D"
自动化指挥系统

战斗打响后，无人机首先升空，将战场情况实时传送到俄军指挥系统。战斗机器人在操作员操纵下发起集群冲锋，抵近武装分子据点

100~120 米后，用机枪、榴弹和反坦克导弹进行攻击，叙利亚政府军则在机器人后 150~200 米相对安全的距离上肃清武装分子。遇到坚固火力点时，"洋槐"自行火炮群根据无人机和机器人传回的画面，实施精确炮击，彻底摧毁目标。一边倒的猛烈打击令武装分子毫无还手之力，77 名武装分子被击毙，参战的叙政府军只有 4 人受轻伤。此战规模虽不大，但却是一场罕见的战斗机器人成连建制投入作战并取得最终胜利的战斗，初步实践了具有智能特征的有人无人混合作战新模式，昭示着智能化战争正快步走向现实。

三、经验教训

（一）因利制权，降维打击

754.5 高地由于具有复杂的沙质土壤、坡度较大的山形地势和大量兵力，致使突袭困难。在前期的联合作战中，叙利亚政府军依旧是继续采用了联合情报战术侦察、火力支援预备、装甲部队三大集群联合冲锋的这种传统"进攻三板斧"，但是单一的联合战术打击力量与这种传统的联合战术指挥模式，始终使两者无法处于相同的联合作战战略维度。"伊斯兰国"的极端武装主义分子们通过综合运用特殊地形、设置军事障碍物、构建隐秘的军事火力防御阵地等多种手段，让叙利亚政府军在这次军事行动中遭受了严重损失。而俄军更是重新确立了"蜂群侦察、狼群进攻、人机协同、稳扎稳打"的新型打击战法，通过有人无人混合的飞机编组，将其综合作战指挥能力系统与人机强大的混合动力系统进行高效率的整合，实现了从"有人"系统逐步发展到"人机混合"系统的一种维度性巨大提升，并在战场上首次成功地实现了对空降维度的打击，最终顺利夺取了这场战斗的胜利。

（二）力量融合，体系制胜

在这场攻坚战中，俄军指挥员以"仙女座-D"自动化指挥系统为指挥核心，通过"蜂群"无人机不间断搜集情报，实现对战场环境的动态掌握，并控制由6台"平台-M"履带式战斗机器人和4台"暗语"轮式战斗机器人组成地面"狼群"，隐蔽迫近至754.5高地前沿。在距"伊斯兰国"武装分子主阵地约100米时，俄军操作员操控战斗机器人使用自带机枪和反坦克导弹发起攻击，吸引极端武装分子火力。"伊斯兰国"极端武装分子很难打准这些目标较小、防护较强、灵活机动的机器人，反而因慌乱射击暴露了自身位置。俄军则通过空中"蜂群"的战场实时监控、地面"狼群"突击过程中传回的实时态势，迅速引导远程火力打击单元——"洋槐"自行火炮群以精准而猛烈的炮火消灭暴露的火力点。这种有人无人混合编组、相互衔接的融合式作战体系，既可减少作战人员的投入与伤亡，也可克服无人机有效载荷较小的弱点，将成为未来作战的重要发展方向。

（三）"人在回路"，决策制胜

此次俄军指挥中枢是"仙女座-D"自动化指挥系统，融侦察情报、指挥控制、数据分析、火力引导为一体。在叙军进攻受挫请求支援后，俄军首先利用该系统掌握空中"蜂群"获取的战场态势，然后运用辅助决策软件选取地面"狼群"进攻最优路径，再通过目标分析确定对方火力威胁点，引导后方自行火炮群实施精确打击，最后指挥有人力量攻占高地。这种"人在回路"决策模式，可以辅助指挥员在战前快速调动参战部队进行跨地域集结，在战中联合部队对目标或目标群进行定位、监视、识别和跟踪，选择和组织最有效的系统，以决定性速度和压倒性作战节奏营造有利作战态势。未来，随着多模态人机交互技术和自动语义处理技术的发展，人机交互信息有望实现"无障碍传导"，更好地实现"人在回路"模式。届时，先进的自动化指挥系统可将经验、战场环境等信息整合，辅助指挥员实现对战场态势的精确化掌握、超前性预测，并最终根据指挥员需要选择最优方案。

战例七　纳卡冲突中的无人作战

2020 年 9 月 27 日—11 月 9 日，阿塞拜疆和亚美尼亚两国就纳卡地区的归属问题，爆发了自 1994 年纳卡战争结束以来规模最大、交火最激烈的武装冲突。在此次冲突中，阿、亚双方除了大量出动坦克、装甲车辆之类的传统武器装备外，还使用了无人机这一技术兵器。尤其是阿方参战的无人机数量多、品种全、战果大，对其最终赢得这场战争发挥了至关重要的作用。

一、作战背景

纳戈尔诺—卡拉巴赫（简称纳卡地区）位于南高加索，为阿塞拜疆领土。1988 年，阿塞拜疆和亚美尼亚为争夺纳卡爆发战争，亚美尼亚侵略占领纳卡及其周围阿塞拜疆领土。1994 年，阿塞拜疆和亚美尼亚就全面停火达成协议，但两国一直因纳卡问题处于敌对状态，两国之间的武装冲突时有发生。2020 年 9 月 27 日，亚美尼亚和阿塞拜疆在纳卡地区爆发军事冲突。

二、作战经过

在第一阶段，阿塞拜疆的无人机对亚美尼亚地面防空力量和军事单位进行打击。为了发现目标，阿塞拜疆使用老式的螺旋桨双翼飞机作为诱饵在战区上空进行无人飞行。亚美尼亚防空部队用雷达锁定这些诱饵。阿塞拜疆趁机对亚美尼亚的防空阵地和基点进行了定位，并使用土耳其"贝拉克塔"无人机或以色列的自杀无人机对目标进行定点清除。

在2011年阿塞拜疆军队摧毁了亚美尼亚的一个防空防御系统后，阿塞拜疆的一架小型无人机就快速追击防空武器和保护装甲车辆、火炮和后勤车辆。失去了机动防空力量的保护，其装甲和炮兵部队就成为阿塞拜疆空袭的靶子。虽然亚美尼亚军事单位使用便携式防空武器击落了几架阿塞拜疆的无人机，但这不足以改变地面部队被动挨打的局面。

三、经验教训

纳卡冲突虽是高加索小国间的冲突，且冲突的空间、时间和技术水平也非常有限，但却给我们提供了一个管窥未来无人机攻防作战的契机。通过分析冲突中两国无人机攻防的情况，总结其中的一些经验和教训，可为无人机攻防作战提供借鉴。

（一）无人机和反无人机技术要有一定独立性

阿塞拜疆和亚美尼亚均是高加索中小型工业国家，国防科技产业基础薄弱，需要外部军事科学先进技术的大力支持，才能够成功支撑一支具备一定实力规模的无人机部队进行军事作战。这两个国家分别从以色列、俄罗斯等国家大量引进技术装备和相关技术，发展各自的无人机系统和反无人机系统，都已经成功取得了相当好的成绩。但无人机和反无人机技术的独立性较弱，易受制于人，如阿塞拜疆与以色列长期的无人机合作，早已经引起了亚美尼亚的警惕。亚方多次向以色列提出抗议，并在西方社会博取同情，对以色列施加压力，促使以色列在对阿塞拜疆提供无人机装备和技术时有所保留，致使阿方延长了战前准备、迟滞了战中补充。因此，在发展无人机和反无人机技术时，要充分考虑到无人机技术和防空系统在世界范围内技术扩散的现实情况，更要考虑可能的技术封锁。因此，既要坚持引进先进的无人机技术和反无人机技术，还要特别注重自主创新，保持自身的独立性。在摸清先进无人机和反无人机装备性能的基础上，开发具有完全自主产权、性能参数有所变化的替代产品，并以发展全套装备供应链为目标，进行先期布局，才能避免在战时被人掌握套路、卡住脖子。

阿塞拜疆宣称摧毁了亚美尼亚 250 辆装甲车和类似数量的火炮

（二）无人机种类要功能互补，形成完整作战体系

亚美尼亚由于受俄罗斯的影响很大，比较关心和注重发展自己的侦察无人机，对于攻击性无人机在技术方面的发展有所忽略，导致它们在无人机技术和体系上存在较大的缺陷，执行作战任务也相对有限。加之缺乏大型进攻式无人机，致使他们无法把无人机带来的数据和信息优势迅速地转化成作战优势，从客观上也拉长了 OODA 循环的时间。而目前阿塞拜疆的高空无人机监控系统则还算是比较全面，可以实现

侦察监视、火力打击、诱饵欺骗、电子对抗、制导导航、通信中继等多重任务。阿方在执行作战任务时，既充分发挥"察打一体"大中型无人机长航时、威力大的优势实施对地攻击，又通过各种无人机之间的高效临机协同，实现对敌方雷达、电子干扰设备的反辐射攻击，使亚方本就脆弱的防空体系难有作为。美国和以色列等无人机技术强国都非常重视无人机种类的多样化，都拥有了从单兵手持式无人机到大型"察打一体"的长航时无人机的全系列产品，可以应对多种作战场景。俄罗斯在经历叙利亚、利比亚等战场的实践后，也在尽力弥补其在攻击无人机上的短板，陆续推出"猎人""猎户座"等大型"察打一体"无人机。因此，在发展和部署无人机时要注重种类齐全，特别要强调体系的完整性和手段的多样性，并在技术上确保无人机与无人机之间、无人机与其他有人装备之间的高效协同。唯此，才能在作战时形成功能互补、手段齐全的体系作战能力，大大压缩OODA循环时间，为无人机作战提供多样化的战术选择。

（三）无人机攻防还要高度重视发挥数量优势

纳卡冲突中的无人机攻防充分说明，在信息化战争中仍然需要重视发挥数量优势。如阿方早在2012年时就已经装备了约50架大型察打一体型无人机，在大规模冲突前又从以色列引进了约50架"哈罗普"反辐射无人机，还从土耳其购买了大量TB-2型攻击无人机，还有数量较充足的由"安-2"飞机改装的诱饵无人机。因此，阿方在作战过程中才可以大量运用无人机，特别是运用诱饵无人机为"哈罗普"反辐射无人机、TB-2型攻击无人机的攻击创造战机。反观亚美尼亚的整体防空力量仅有1个防空导弹旅、1个导弹火炮合成旅及1个高炮团，除了要担负本土防空任务外，能够前出纳卡地区执行反无人机任务的兵力与装备严重不足，所以在零星冲突时，亚方反无人机体系运转较为有效，一旦转入大规模冲突后就捉襟见肘、应接不暇。

以色列制造的哈罗普巡
航飞机发射

因此，未来发展无人机攻防作战，需要注重数量与规模优势，才能真正体现无人机的价值。攻击时可察打一体、虚实结合；防御时可接续不断、不留空隙。一是要注重无人机群功能互补，切实发挥集群优势。无人机群只有依靠种类全、数量大的优势构建自身的作战体系，才能根据战场态势变化，及时调整集群的作战部署和单个无人机的任务分配，数量优势才能转化为战场优势。二是反无人机系统部署要有冗余，以保证对无人机防御时及时接续。由于亚方前出纳卡地区执行反无人机任务的兵力与装备严重不足，致使阿方无人机给亚方造成惨重损失。因此，未来部署反无人机系统时，要实施多层次且有备份的部署，才能严密扎好防御圈。三是要把无人机视为战中易耗品，做好适量储备。要充分认识到一旦投入作战，不管是高端无人机还是小型低成本无人机，都会快速耗损，无法依靠战时维修进行恢复，要保有一定数量优势，才能做到持续作战。

（四）信号注入注重以网电对抗为主的反无人机技术

首先，在组织反无人机作战中需要注重软杀伤的网电对抗技术。此次冲突中，阿塞拜疆在反无人机技术方面虽然先进，但主要以硬杀伤为主，体系功能比较单一，反无人机作战效果不明显，致使亚美尼亚技术水平较低的自杀式无人机屡屡偷袭成功。而亚美尼亚却在先期作战时，多次运用软杀伤手段取得反无人机作战的胜利。因此，采用网电对抗技术反制无人机是未来反无人机作战的重要手段。特别是此次冲突期间，亚方对外展示了缴获的较为完整的阿方无人机，反映出亚方可能运用了信号注入技术等技术手段。

第五节　矛盾之战——反击行动

近年来，随着无人机在国际上的作战行动中的优秀表现，各个国家和军队都兴起了研究和使用无人机的新浪潮。无人机与生俱来的飞行效费比高、死亡率低等优势，以及日益完善的各种战斗技术和性能，注定会在未来的战争作战活动中占有一席之地。有矛必有盾，反无人机作战也逐渐发展成为我们进行作战研究的主要内容之一。从技术角度看，反无人机技术手段主要包括光学、雷达、电磁等探测与跟踪技术，图像、信号目标特征识别与预警技术，数据链传输、光学与电子侦察等干扰与对抗技术，导航系统、数据链、目标诱骗与捕获技术，武器攻击、激光打击、高功率微波、高功率电磁波等毁伤与攻击技术等。反无人机系统所采取的技术手段，根据不同的应用背景、应用目标和应用阶段而不同。

战例八　反无人机技术应用

伊朗电子诱骗捕获"哨兵"RQ-170 无人机和俄罗斯在叙利亚干

扰及击落反政府武装无人机集群,就是不同反无人机技术的成功应用战例。

一、作战背景

随着无人机技术的迅猛发展,军事领域的作战需求和民事领域应用需求不断增长,无人机系统已经成为获取区域态势、对地攻击和空中作战等的重要军事手段。高空、高速、隐身、长航时的低空无人机,高超声速的无人机以及低空、慢速、小距离目标的低空无人机等防空技术,在国际战争中已经发挥着越来越重要的主导作用,对于原有的各种防空作战都已经构成了巨大的技术挑战,对各国军事和社会安全构成了严重威胁。美国陆军已经把新型无人机的空中威胁攻击指示控制系统功能,列为"五大威胁平台"中最高级别的三种具有通信攻击和空中破坏力的空中突击威胁之一,并将其在美军作战领域中的主要功能向隐形攻击突防、通信攻击中继、空中突击格斗等多个领域方向进行了许多全方位的研究拓展,认为这些新型无人机将一定会对美军作战的全局和过程环境造成重大威胁,其作战重要性明显倍增。随着小型被动无人机检测技术的不断发展和迅速扩散,不易被用户检测感受到的小型被动无人机威胁,开始逐渐发展出并成为一种新兴的安全威胁。无论是在战火不断的伊拉克、阿富汗,还是在发达国家,小型无人机已经对军事安全、空域安全、平民的人身安全和隐私造成了不同程度的侵害,正在成为军队和安全部门关心的热点。2002年以来,美国防情报局每年都要秘密地进行一次名为"黑色飞镖"(Black Dart)的反无人机试验。在美国国内,反无人机能力更是国防部、国土安全部和能源部的共同关切点。2003年,伊拉克战争前夕,一架伊拉克飞机击落了美空军的一架"捕食者"无人机；2006 年，以色列的一架 F-16 在海法湾击落了真主党游击队的一架无人机；2008 年，格鲁吉亚的"赫尔墨斯-450"无人机在边境巡逻时，被俄"米格-29"战斗机击落；伊拉克和阿富汗武装分子曾使用诸如 AK47S 的小型武器，击落了美军 BAU Herti 无人机；2011 年，伊朗俘获一架美军"哨兵"RQ-170 无人侦察机；2012 年，伊朗在海湾水域"捕获"一架侵入伊朗领空的美国"扫描鹰"无人机；2018 年以来，俄军在叙利亚击落反政府武装和恐怖分子自制的无人机 100 多架。所有这些事实表明，各国的反无人机计划正在悄悄地进行着。不少国家在作战要求引导与技术发展的双重推动下，陆续地提出了对反无人机的需求与计划，一些军事强国都正在积极地研究应用于反无人机的技术与系统。

装备性能参数	
长/高	4.5m/2m
翼展	20m
最大起飞重量	3.856t
最大升限	15240m

RQ-170 型无人侦察机

二、作战经过

（一）"哨兵"RQ-170 无人机坠落

2011 年 11 月 27 日，美国空军第 20 侦察中队在弗吉尼亚兰利中情局无人机指控中心召开作战会议。中队长迈克尔·埃里克传达作战命令：近期将派"哨兵"无人机抵近伊朗境内纵深，侦察核设施情报。随后，作战会议针对此次侦察行动的力量构成、指挥部署、任务规划、协同保障等问题进行了研究。

无人机侦察力量由一架"哨兵"RQ-170无人侦察机、兰利无人机指控中心和空军第20侦察中队组成。指控中心通过卫星链路实施集中统一指挥，由部署在巴基斯坦舍姆西空军基地的任务控制单元（MCE）具体执行此次侦察行动，而发射和回收单元（LRE）则部署在离侦察飞行地区最近的阿富汗坎大哈机场。

在核心任务规划问题上，中队长迈克尔·埃里克强调要加载核生化探测载荷，并力排众议，将伊朗东部距边境225千米的卡什马尔镇纳入航线。

在讨论无人机防护保障问题时，作战会议上形成了两种截然不同的意见：一种意见认为"哨兵"是一款侦察专用无人机，不携带武器，抗打击能力比较脆弱，需要采取相关防护措施，如利用有人机进行协同等；其次，"哨兵"自诞生的那一刻起，其抗电磁干扰的能力就饱受诟病，应运用一切力量彻底排查渗透区域的复杂电磁环境情况，确保侦察任务的顺利实施。另一种观点则是认为"哨兵"实际上是高度智能化的一个杰作，别说伊朗，即便其他的世界军事强国也都不一定具备打败和击落这些隐身飞行战机的技术和能力，况且"哨兵"在飞机中出现轻微的故障后几乎都可自行退役或返回，在出现严重的故障时几乎都可以在"自毁数据"后再次坠毁，因此不用过多考虑防护问题。

自2007年"哨兵"无人机在阿富汗机场偶露真容后不久，伊朗革命卫队的情报人员就将它的侦察行动特点和规律摸了个一清二楚。

2011年10月，革命卫队空军不惜投入重金成功地从俄罗斯引进了一套"汽车场"电子对抗系统，据说这种电子战武器能够全方位应对飞行高度在30米到30000米之间的50架飞机和直升机。

11月初，哈吉扎德准将召开边境防御作战会议，判断美军很有可能出动"哨兵"无人侦察机进入伊朗领空从事间谍活动。随后，与会专家就应对"哨兵"侦察的反制措施进行了详细讨论，最终得出了几种候选作战方案。

方案一：防空火力打击　首先由雷达系统发现并锁定"哨兵"，然后用地对空导弹或高射炮火实施火力打击。探测、识别和发现具有隐身能力的"哨兵"虽然难度不小，但仍然有迹可循。不足之处在于，如果用火力将"哨兵"击落，无人机将变成一堆毫无利用价值的残片。

方案二：网络攻击劫持　首先，由黑客入侵"哨兵"无人机指控中心的计算机系统，植入计算机病毒，如"键盘记录木马"程序，窃取所有飞行控制指令，破译指控信息含义。然后，由防务部门的技术专家通过网络和通信系统夺取无人机的导航权，并操纵无人机降落到某一平坦地域。该方案的关键在于破获卫星通信链路的频率、调制方式和密码等技术参数。

方案三：电子干扰伏击　首先，通过互联网黑客来偷取"哨兵"的行动方案，或者通过网络、谍报工作人员来熟悉其行为和活动的规律；然后，防空军各种侦察单位的探测系统按照事先已经知道的方向，对"哨兵"中所有可能会出没的区域和空间范围进行了搜寻；发现目标后，电子战斗机单位立刻使用"汽车场"电子对抗系统针对空中发射的电磁波进行压制性的干扰，从而切断了无人机和地面控制站之间的数据链路，使"哨兵"失去了遥控和操作的能力，并最终依靠机载飞行控制系统平稳滑降到了地面。但是无人机一般都是具备自动返航的功能，在数据链路中断后，会直接依靠一个机载编程器和控制系统来飞回主要起降场，难以被俘获。

方案四：重构 GPS 坐标诱骗　重构的技术方法主要分为两种：其一，利用目前已知的位于阿富汗坎大哈机场的重要经纬度和地理坐标，采用偷梁换柱的地理方式和技术手段，将这个重要位置参数重新记录在机载航空导航卫星定位系统上的一个原点上，再改变而成为一个完全新的重要参数，简而言之就是重新替换其原始的实际起飞起点位置。其二，根据机载无人 GPS 导航系统的高空运行和导航使用机动规律，向其连续多次发射假的高空卫星坐标导航和假的定位卫星信号，无人机便能根据此前一连串强行发射注入的高空经纬度卫星坐标，构建出了一条飞向"初始升空地点"的高空航线，在假机载 GPS 和假的定位卫星信号的指示和辅助引导下，"哨兵"的机载无人机逐步飞行逼近"原点"，直至正常着陆时将其降落点停在了我们俗称的"阿富汗机场跑道"上。实施该套解决方案的一个重点就主要在于，必须事先破解美军的一个 GPS 卫星系统，否则在其中直接注入的美国卫星航空导航和全球定位卫星信号就可能会被拒之门外。

12 月 4 日，美国兰利无人指控中心的指控人员正在观看来自于"哨兵"无人机的伊朗实时侦察视频时，视频突然消失。巴基斯坦舍姆西空军基地操控员紧急报告失去了对"哨兵"RQ-170 无人机的控制，中央情报局判定"哨兵"RQ-170 无人机失踪。当日晚间，伯语新闻电视台伊朗新闻广播卫星频道记者援引来自伊朗国家军方联合参谋部的一位消息人士的话称，伊朗国家军方"几个小时前"在位于伊朗北部毗邻阿富汗与巴基斯坦之间接壤的边境沿海地区，成功击落并打捞了一架曾经入侵伊朗领空的美军"哨兵"RQ-170 型无人机，并完全控制了这架仅仅轻微损伤的美军小型无人机。从美军发现无人机完全失控，到伊朗政府对外宣布打捞了一架来自美国的新型无人机，其间相隔的时间非常短，以至于美军根本来不及去应付。

由于伊朗宣称俘获的"哨兵"在展示时近乎完好，使得"哨兵"坠落明显带有技术"击落"的特征，从而引发世界范围内对伊朗反无人机侦察手段的热议。各种技术说法迷雾笼罩，直到一名自称来自伊朗的知名技术人员在其电视专访中明确披露，他们已经准确利用了这架小型无人机的一个众所周知的最薄弱的技术节点，设法诱使它成功地安全降落在了伊朗境内，终于将各种模糊概念集中到"先干扰、后诱骗"这样一种较为明确、合理的说法上。

2014年5月12日，伊朗媒体报道，伊朗成功仿制了该国于2011年截获的美国RQ-170无人机。伊朗伊斯兰革命卫队航空部队司令部随后举行一次展览，展出了伊朗科学家花费约两年时间破解仿制的伊朗版RQ-170无人机。伊朗最高领袖哈梅内伊出席了此次展览。

2014年11月10日，伊朗发布消息称，伊朗仿制版"哨兵"RQ-170无人机10日实现首飞。

另外，2012年12月4日，伊朗伊斯兰革命卫队声称"俘获"一架在海湾地区搜集情报时侵入伊朗领空的美军"扫描鹰"无人机。这是时隔一年后，伊朗反无人机侦察的又一战果。

"哨兵"坠落事件对无人侦察机的发展与使用、无人机侦察与反侦察的对抗产生了深远的影响，也对未来信息战攻防产生重大冲击。

（二）俄军抗击无人机集群袭击

2018年1月8日，俄罗斯国防部正式对外宣布：俄罗斯驻扎在叙利亚的特种防空突击部队，成功突击拦截了13架无人机并进行一次群攻，其中10架可能意图攻击卡拉赫梅米姆斯克空军基地，另外3架则可能意图再次攻击卡拉塔尔图斯基地。俄罗斯电子防空作战指挥部队成功夺取6架美军无人机的高空控制权，使3架飞机失事成功降落、3架失事坠毁，余7架则被"铠甲–S1"弹炮等三合一的电子防空防御系统成功打败。无人机从50千米外反政府武装控制的伊德利布冲突降级区附近发射，未对俄军造成作战物资损失和人员伤亡。

在 2011 年的叙利亚战争中，反政府军极端武装大量使用各种自动化的战斗无人机，对整个叙利亚地区进行了军事侦察和恐怖袭击，本战例是已知的最大规模无人机攻击。俄国防部声称：来袭无人机"通过卫星导航和远程控制飞向预定目标坐标，投放经过专业组装的简易爆炸装置，可能来自一个高技术能力国家"，并且声称在这次袭击事件发生前后，美国海军一架 P-8A 反潜巡逻飞机在遭受袭击两个基地之间、高度 7000 米左右盘旋超过 4 小时。美国则否认与袭击有任何关联。

"铠甲-S1"弹
炮合一防空系统

根据俄方公布信息，来袭无人机为简易组装的固定翼无人机，采用活塞发动机；机翼为轻木加泡沫板混合结构，尾梁为铝合金方管，大量使用胶带粘接；每架挂载 10 枚每枚重 400 克的简易炸弹，采用迫击炮弹引信，弹体由非金属材料制成，内装炸药，同时使用钢珠加强毁伤威力，通过伺服机构到达指定区域时投弹；配装气压高度计、GPS 接收机和自动驾驶仪；被俘获的无人机中仅装有一个摄像头和一副天线。综合分析判断出该无人机的主要性能指标如下：飞机翼展约 3 米，最大高度起降飞行速度约 100 千米/时，飞行高度约 500 米，航程不会超过 50 千米；弹射起飞，依靠 GPS 信号按照预先设定航路自动飞行。综合以上情况来看，无人机所需要采用的全部零配件都是可在商业市场上购买得到，成本很低，可在短时间内装配完成。

俄罗斯综合运用了电子战和火力杀伤手段进行拦截。在电子战技术手段方面，俄未明确公布本次拦截中需要使用的武器装备类型，但很有可能这两种武器都是在叙利亚部署的"汽车场"或"驱虫剂"等电子战斗机对抗系统，二者均已经具有了对抗无人机群攻击的能力。"汽车场"系统能同时对高度在 30 米至 30 千米的 50 架航空器的雷达和通信导航设备进行干扰。"驱虫剂"系统可以有针对 GPS、伽利略等卫星导航系统进行干扰，作用距离达 30 千米。火力杀伤方面，俄军在赫梅米姆和塔尔图斯基地附近均部署了"铠甲 –S1"系统，该系统为完备的单车作战单元，装有 30 毫米炮和 12 枚防空导弹及雷达和光电 / 红外探测系统，此前在叙已用导弹成功击落了无人机和火箭弹、飞艇、热气球等目标。

三、经验教训

未来的无人机将向长航时、隐形化以及多功能化、蜂群化方向发展，其信息化程度会逐渐提升，必将成为战场上的利器。但只要加强对无人机的分析和研究，发现其存在的弱点，并找出相应的对策，有的放矢，就能从容应对无人机带来的各种威胁和挑战，克敌制胜。

（一）无人机极其依赖 GPS 导航系统

无人机导航系统应用相比有人自动驾驶的大型飞机，完全依赖基于 GPS 导航系统，需要飞机依托基于 GPS 的卫星定位、导航和定时飞行信息等多个功能模块来自动完成多种飞行任务。例如，"全球鹰"自动无人机必须通过一个 GPS 的自动起飞定位返回方式导航才能实现自动起飞；"哨兵"自动无人机往往需要通过依托一个GPS来才能实现自动的起飞、返回；"捕食者"无人机需要GPS与武器瞄准系统结合使用才能实现精确打击。而美国GPS系统的抗干扰能力相对较弱，GPS卫星及其用户装置很容易遭遇各种形式的威胁，这同样也会成为无人机面临的最大威胁。当一个无人机丢掉了GPS提供的定位、导航和定时等信息，也就失去了作战能力。

（二）无人机过分依靠卫星通信系统

美国空军的无人机，包括空军的RQ-4B"全球鹰"、海军的RQ-4N广域海上监测无人机、"捕食者"无人机，都需要直接依靠其卫星通信系统对无人机实施自动化的指挥和控制，以及把由传感器检测搜集得到的信息和数据送回地面后再进行处理。像GPS一样，通信卫星很容易遭遇各类威胁。在高威胁复杂电磁环境中执行任务的无人机，即便使用功率非常小的干扰器，却能很大程度地影响接收天线的主波束，大大减少了无人机、地面控制站和信息处理中心之间的卫星通信和数据效率。

（三）无人机抗电子干扰能力差

无人机在作战使用中，要依靠机载电子设备进行非实时和实时信息情报的收集，并获取和利用信息。"捕食者"微型无人机携带的各类红外电子探测设备，主要功能包括电子合成孔径雷达、光电电子摄像机、红外电子成像仪、全球卫星高空定位系统和全球惯性卫星复合轨道导航系统等，其他各类电子系统在飞机遭遇强烈的红外电子干扰后也极有可能会同时自动失灵。为此，实施这些电子干扰必然会直接使得大型无人机在各种复杂天气条件下的正常运行以及使用监控方式受到极大限制。其他机载高空侦察监控设备以及飞机数据的信息传输与数据处理，都极有可能会因此受到严重的环境影响，甚至可能出现安全故障。

（四）无人机不易识别伪装欺骗

目前，无人机主要用于在中等威胁环境下执行大范围的连续监视、侦察任务，获取有价值的战略战术情报。虽然其机载设备先进，能实时获取高质量的目标图像信息，但也难以透过严密的伪装识别真假目标。为此，当敌方充分利用先进的伪装技术，在无人机可能实施侦察的方向上对作战指挥机构、通信枢纽、重要机场等目标实施严密伪装，力求达到隐形化时，无人机侦察、探测的难度无疑会大大增加，从而延长了其滞空时间，为火力打击创造了条件。当广泛使用伪装器材以及模拟技术器材时，无人机机载红外侦察、雷达侦察和各种光学电子侦察器材就容易被欺骗。同时敌方会严格封锁战场信息，综合运用隐身、示（仿）形、佯动、电磁、制造假情报等各种伪装方法，造成真中有假、假中有真，欺骗、迷惑无人机，以隐蔽作战行动企图，待将其引向假目标后实施打击。

参考文献

［1］彼得·W.辛格.机器人战争——机器人技术革命与21世纪的战争［M］.逯璐，周亚楠，译.武汉：华中科技大学出版社，2016.

［2］本杰明·萨瑟兰.技术改变战争［M］.丁超，译.北京：新华出版社，2013.

［3］石海明，贾珍珍.人工智能颠覆未来战争［M］.北京：人民出版社，2019.

［4］郭胜伟.无人化战争［M］.北京：国防大学出版社，2011.

［5］林聪榕，张玉强.智能化无人作战系统［M］.长沙：国防科技大学出版社，2008.

［6］沈松，齐倩，沈斌.世界军事前沿问题研究：美军2030年无人系统一体化指挥控制体系结构［M］.沈阳：辽宁大学出版社，2013.

［7］张超勇.下一代战争：智能化战争［M］.北京：九州出版社，2017.

［8］陈国社.智能化战争"六大变化"［J］.当代海军，2018.

［9］罗涛，等.单兵自主导航在特种作战队组战术中的路径智能规划与辅助决策［J］.陆军特战论坛，2018.

［10］罗涛.特种作战装备无人化刍议［C］.陆军特种作战学院第四届学术研讨会，2015.

［11］朱启超，王姝，龙坤.无人军队：自主武器与未来战争［M］.北京：世界知识出版社，2019.

［12］庞洪亮.21世纪战争演变与构想：智能化战争［M］.上海：上

海社会科学院出版社，2018.

［13］吴明曦.智能化战争——AI军事畅想［M］.北京：国防工业
出版社，2020.

［14］丁刚，张亚，王幸运，等.从苏莱曼尼遇刺看美军MQ-9死神
无人机作战运用［J］.飞航导弹，2020.

［15］"纳卡"冲突制胜关键：无人机［J］.航天电子对抗，2020.

［16］赵萌.伊朗顶级核科学家遭暗杀，中东局势再升温［J］.世界
知识，2020.

［17］马建光.叙利亚战争启示录［M］.武汉：长江文艺出版社，
2017.

［18］况腊生.叙利亚战争沉思录：二十一世纪的"微型世界战争"［M］.
北京：人民出版社，2018.

［19］高蓬勃，周全，柴青川.未来的战争与战法［M］.广州：广东
世界图书出版公司，2009.

［20］万开方，张炜，高晓光.有人／无人机编队协同闪烁干扰策略
优化与效能评估方法［J］.电光与控制，2020.

［21］李腾.有人／无人机协同编队控制技术研究［D］.南京：南京
航空航天大学，2017.

［22］刘宏强，魏贤智，付昭旺，等.有人机／无人机编队协同攻击
任务分配方法研究［J］.电光与控制，2013.

［23］葛汉强，陈黎明.对智能化战争的冷思考［J］.海军学术研究，
2019.

［24］袁艺，毛翔，郭永宏，等.对智能化战争主要特征的初步认识
［J］.军事学术，2018.

［25］郭忠伟，王皓袤，国立强.积极应对5G技术对智能化战争的

影响［J］. 军事学术，2019.

［26］吴集，刘书雷，杨筱，等. 军事智能化趋势及智能化战争演进初探［J］. 国防大学学报，2019.

［27］Yasmin Tadjdeh.More Sophisticated，Autonomous Unmanned Aircraft on the Horizon.National Defense，August 2015.

［28］Sandra I. Erwin.Shine Starting Wear Off Unmanned Aircraft，National Defense，June 2014.